海 派 (第6辑)

上海大学出版社

图书在版编目(CIP)数据

海派. 第6辑 / 陈子善主编. -- 上海：上海大学出版社, 2024.12. -- ISBN 978-7-5671-5171-0

Ⅰ.G127.51-53

中国国家版本馆CIP数据核字第2024LU5400号

海派（第6辑）

出版发行	上海大学出版社
地　　址	上海市上大路99号
邮政编码	200444
网　　址	www.shupress.cn
发行热线	021-66135109
出版人	戴骏豪
印　　刷	上海颛辉印刷厂有限公司
经　　销	各地新华书店
开　　本	787mm×960mm　1/16
印　　张	11.75
字　　数	235千
版　　次	2024年12月第1版
印　　次	2024年12月第1次
书　　号	ISBN 978-7-5671-5171-0/G·3671
定　　价	68.00元

版权所有　侵权必究

如发现本书有印装质量问题请与印刷厂质量科联系

联系电话：021-57602918

主　编

陈子善

编　委（以姓氏笔画为序）

王金声　汤惟杰　朱　枫　邢建榕　沈飞德
李天纲　林丽成　罗宏才　周立民　邹振环
陆　灏　陈子善　陈思和　陈建华　钱乃荣
黄晓彦　薛理勇

统　　筹　黄晓彦
责任编辑　颜颖颖
整体设计　缪炎栩
技术编辑　金　鑫　钱宇坤

出版支持

上海大学海派文化研究中心

封面说明

《折枝茶花》，陈从周作，澹简斋藏

目　录

评　论
张　蕾　损害风纪抑或主体自觉:《眉语》及其美人画 / 1

日记与书信
郑源整理　郑振铎日记(1939 年 1—2 月) / 17
郑有慧提供,祝淳翔整理　郑逸梅日记(1954 年 7 月) / 31
孙戈整理　徐悲鸿、蒋碧微在柏林致戈公振信函一通 / 46

人物丛谈
王金声　"梓翁"琐忆 / 48
唐　寅　谭其骧的京昆情缘 / 54
沈西城　一人老总沈苇窗——香港海派作家系列之五 / 65
程　彦　茧庐主人的晚年交谊 / 69
吴心海　路易士笔名"李素"的实证确认
　　　　——兼及艾青文中有关杜衡、路易士的附逆根据 / 72
鱼　丽　江南蘋的张园往事 / 84

文艺漫话
张舒萌　从《无轨电车》到《现代》——施蛰存两本期刊题跋录 / 89
荀道勇　《我的家乡》巴金题跋本 / 96
谭　簏　《中国文学史大纲》版本考 / 99

陈蝶衣研究
陈子善　《陈蝶衣文集》序言 / 107

孙　莺　《陈蝶衣文集》前言 ／ 111
金传胜　新见陈蝶衣笔名考 ／ 118

电影与戏剧

程　波　马晓虎　双城映像——香港电影中的上海想象与海派文化精神表达 ／ 133
岳宇辰　杨新宇　从"牧神午后"到"游龙戏凤"——电影《王老五》里的中西音乐运用 ／ 143
赵　骥　演出特刊中的话剧《日出》／ 153

口述实录

钱　晟　重友亦逍遥——唐逸览谈父亲唐云 ／ 159

外国人眼中的上海

徐静波　谷崎润一郎1926年的上海之行 ／ 165

2023—2024年海派文化研究书目 ／ 181

损害风纪抑或主体自觉：《眉语》及其美人画①

张 蕾

1914 年 6 月，吕碧城加入南社。是年 8 月，她第一次参加南社在上海徐园的雅集②。"吕碧城的到来让早已进了徐园的南社文人们都不由眼前一亮，仿佛这个女子一出现，徐园里的其他人的光芒就迅速黯淡了下来。这个女子是如此娇艳，如此耀眼，就像是划过徐园上空的流星。"③此次南社雅集的酬唱成果汇编成《南社》第 11 集，其中收入吕碧城的三首诗《感事》《游钟山和省庵》《琼楼》和四首词《烛影摇红》《前调》《法曲献仙音》《南歌子》。

《烛影摇红·庚戌感事偕徐芷升同赋》词云：

絮影萍痕，海天芳信吹来遍。野鸥无计避春风，也被新愁染。早又黄昏时渐，意惺忪，低回倦眼。问谁系住，柳外骄阳，些儿光线。

一霎韶华，可怜颠倒闲莺燕。重重帝纲殢春魂，花缀灵台满。底说人天界远，待忏了，芷愁兰怨。销形作骨，铄骨成尘，更因风散。④

徐芷升即徐沅。吕碧城交游甚广，她与这些名流留下了不少酬酢诗文。庚戌年是 1910 年，这首《烛影摇红》当是一篇旧作，可以和 1912 年《民立报》上刊载的吕碧城所作另一首《烛影摇红》一起读：

重展残笺，背人颠倒吟思遍。嫣红点点绽秋棠，总是啼痕染。才喜芳菲时渐，悄搴帘，且舒愁眼。含情待见，五色春曦，组成光线。

不道春来，楼空人杳愁归燕。阿谁勾引玉清逃，草露渖裙满。底说高句骊远，

---

① 本文系作者主持的国家社科基金项目"1912—1917 中国文学史料开掘与阐释研究"（20BZW137）的阶段性成果。
② 李保民：《吕碧城年谱简编》，吕碧城著、李保民笺注：《吕碧城词笺注（增订本）》，中华书局 2023 年版。
③ 汪晓寒：《吕碧城：我到人间只此回》，团结出版社 2019 年版，第 102 页。
④ 吕碧城：《烛影摇红·庚戌感事偕徐芷升同赋》，载《南社》第 11 集（1914 年 8 月）。依原文句读，标点为本文作者所加。

(按韩国古称高句骊)听鹃语,替传哀怨。小桃无主,嫁与东风,已因风散。⑤
这首《烛影摇红》有几句题语:"边蒙事紧,挽救无策,行见地图易色矣。慨叹之余,爰填此阕。庚戌岁曾与徐芷升(沅)同赋《烛影摇红》词,以讽时事。今仍步原韵,语句绮丽,聊以寄托。惟读者不以词害意可。"⑥两首《烛影摇红》,一首作于清末,一首作于民初,都是感时咏怀之作,虽"语句绮丽",国家忧患寄寓其间。

吕碧城的诗文充满荡气回肠的意绪,显示出巾帼不让须眉的气度,代表了第一代现代女作家的形象。《烛影摇红·庚戌感事偕徐芷升同赋》一词还刊于1912年4月15日的《时报》和1915年1月《妇女杂志》的创刊号上。《妇女杂志》最初的主编是王蕴章,发刊时提倡女学和女子教育,至1931年停刊,办刊时间长,影响较大。这些民初的报纸杂志,为现代女作家的出现与成长留下了踪影。

一、《眉语》的价值取向

民初,吕碧城的诗文还可见于《女子世界》《中华妇女界》《香艳小品》《香艳杂志》等刊物上。如她的《写怀三首》云:

    大千苦恼叹红颜,幽锁终身等白鹇。
    安得手提三尺剑,亲为同类斩重关。
    任人嘲笑是清狂,痛惜群生忧患长。
    无量河沙无量劫,阿谁捷足上慈航。
    苦海超离渐有期,亚东风气已潜移。
    待看狮睡初醒日,便是蛾眉独立时。⑦

此诗刊于《香艳小品》,气魄宏大,一点也不"香艳"。《香艳小品》等刊物收录女作家作

---

⑤ 吕碧城:《烛影摇红》,载《民立报》第753号(1912年11月16日)。依原文句读,标点为本文作者所加,括号中按语为原文所有。
⑥ 吕碧城:《烛影摇红》,载《民立报》第753号(1912年11月16日)。依原文句读,标点为本文作者所加。
⑦ 吕碧城:《写怀三首》,载《香艳小品》第3册(1914年6月)。依原文句读,标点为本文作者所加。

品、描画女性形象、刊登女性传记,极大鼓励了早期的现代女性及其创作。如《香艳小品》刊有《今女杰传》,对徐自华、周福贞、毛芷香等时代女性的生平做了记述⑧。《女子世界》刊有谭奇珍、汪彤、温倩华等投稿女作者的照片⑨,《香艳杂志》刊有"文豪吕碧城女士"和她姐姐吕梅生(美荪)的照片⑩。这些早期的现代女性"自决自律,是具有现代意识的个人"⑪,民初具有女性倾向的杂志,为她们提供了表现自我的空间。

"民初女性杂志蓬勃兴起,这一奇观后来似不曾重现过。"⑫不过《香艳小品》《香艳杂志》的编者是胡寄尘、王均卿等男性,女性在他们的视域中,仿佛是一个客体,"香艳"是观赏女性的形容词,无疑具有市场效应。与之相较,1914年11月创刊于上海的《眉语》更呈现出女性的主体性。研究者认为:"《眉语》是我国第一份女性小说杂志,以《眉语》为阵地,聚集了我国第一批女性小说编辑,形成了我国第一个女性小说作家群体,其在中国小说史和新闻史上的价值均不可小觑。"⑬之所以认为是"第一",主要有两个原因:一是《眉语》的编辑团队主要由女作家构成,突破了《女子世界》《香艳杂志》等男性编辑的"重围";二是《眉语》所刊作品很大一部分为女作家写的小说,吕碧城虽是"文豪",但她不写小说,如果说诗文还是传统的写作样式,那么小说则更富有"现代"意味。

《眉语》出刊至1916年5月,共18期,主编是女作家高剑华。高剑华生于杭州,先后就读于杭州女子师范学校、京师女子师范学堂,毕业后返

《香艳杂志》第2期(1914年)"图画"栏
"文豪吕碧城女士"

---

⑧ 去病等:《今女杰传》,载《香艳小品》第3册(1914年6月)。
⑨ 载《女子世界》第1期(1914年12月)。
⑩ 载《香艳杂志》第2期(1914年)。
⑪ 陈建华:《民国初年的共和主体、私密文学与文化转型》,载《现代中文学刊》2017年第1期。
⑫ 陈建华:《民国初年的共和主体、私密文学与文化转型》,载《现代中文学刊》2017年第1期。
⑬ 郭浩帆:《民初小说期刊〈眉语〉刊行情况考述——以〈申报〉广告为中心》,载《学术论坛》2015年第1期。

回杭州,与许啸天成婚,二人为中表亲。许啸天致高剑华信中道:"我二人交谊,自总角而订白头约","相爱不可谓不深","妹须知我心,务自慰乐"⑭。夫妻伉俪情深,携手创业,《眉语》即是二人事业经营的成果。之后他们还编有《闺声》《红叶》等杂志,编辑出版《治家全书》《红袖添香室丛书》《性爱与结婚》等书,行销市场。自主的编辑、出版与创作,是夫妇二人主要的谋生职业。高剑华还是书法家,《眉语》第一期上就刊有李叔同写的《高剑华女士书例》:"女士西子湖畔产,前夏自北京师范校归,适婚许君则华,因筑俪华馆,相与鸣琴拈韵于其间。女士性恬澹,喜文翰书法。摹米南宫,矫健飞舞,能得其神似。"⑮可见,高剑华较早就开始卖字生涯。1948 年 12 月,许啸天车祸身亡。高剑华生活到 1949 年以后,卒年不详⑯。

《眉语》第 1 卷第 3 号(1915 年 4 月再版)"图画"栏"本志主任高剑华女士"肖像

《眉语》第 1 卷第 1 号(1914 年 11 月)"图画"栏,许啸天、高剑华夫妇合影

《眉语》第 1 卷第 1 号(1914 年 11 月)"图画"栏,《眉语》编辑员马嗣梅、顾纫苣、梁桂琴照片

---

⑭ 许啸天:《新情书十首》,载《眉语》第 1 卷第 4 号(1915 年 3 月再版)。
⑮ 李叔同:《高剑华女士书例》,载《眉语》第 1 卷第 1 号(1914 年 11 月)。依原文句读,标点为本文作者所加。
⑯ 马勤勤:《当"才女"与"市场"相遇——从高剑华看民初知识女性的小说创作》,载《南开学报(哲学社会科学版)》2016 年第 2 期。

高剑华是《眉语》的主编,其编辑团队中还有顾纫茝、马嗣梅、梁桂琴、梁桂珠、许毓华、柳佩瑜、谢幼韫、孙青未、姚淑孟等女编辑,许啸天、吴剑鹿两位男士为襄理,《眉语》的前几期上,刊有他们的照片[17]。其中许毓华是许啸天的侄女,"接受过新式教育,懂英文"[18]。女编辑、女作家无疑是《眉语》的主导力量,也是其主要特色,这使《眉语》在民初的期刊市场上独树一帜,销行甚好。

《眉语》设有"短篇小说""长篇小说""文苑""杂纂"等栏目。其"宣言"全文写道:

> 花前扑蝶宜于春,槛畔招凉宜于夏,依帷望月宜于秋,围炉品茗宜于冬。璇闺姊妹以职业之暇,聚钗光鬓影能及时行乐者,亦解人也。然而踏青纳凉赏月话雪,寂寂相对,是亦不可以无伴。本社乃集多数才媛辑此杂志,而以许啸天君夫人高剑华女士主笔政。锦心绣口,句香意雅,虽曰游戏文章,荒唐演述,然谲谏微讽,潜移默化于消闲之余,亦未始无感化之功也。每当月子弯时,是本杂志诞生之期,爱名之曰《眉语》,亦雅人韵士花前月下之良伴也。质之囚鸾笅凤之可怜虫,以谓何如?质诸莺嗔燕咤之女志士,又以谓何如?尚祈明眼人有以教之,幸甚幸甚!此布。[19]

可见创办《眉语》,是为了"消闲"。"璇闺姊妹以职业之暇,聚钗光鬓影能及时行乐者,亦解人也。"此处"职业"当包括"相夫教子"之职,女子在日常忙碌的生活中"能及时行乐",才能解生活之道。《眉语》所刊"游戏文章",可"谲谏微讽",在"消闲之余"有"感化之功"。《眉语》的理想读者是"雅人韵士"。"囚鸾笅凤"当指被传统礼教束缚的女子,是为"可怜虫";"莺嗔燕咤"则指自认为新潮与时髦的"女志士",她们都应被"教之"。"雅人韵士"既有传统女性的温良之德,又具备现代女性的个性特质,不守旧,亦非浮浪,在"囚鸾笅凤"与"莺嗔燕咤"之间,显出女性自身的雅韵风姿。这是《眉语》对当时理想女性的定位。征之初刊的几篇小说,便可得到印证。

刊于《眉语》创刊号首篇的许毓华小说《一声去也》,叙述罗兰从小父母见背,寄居族叔家,受到虐待。邻居少年陆晓沧接济罗兰,二人情投意合,"灯前问字,月下并肩,或

---

[17] 见《眉语》第 1 卷第 1 号、第 2 号、第 3 号等卷首照片。
[18] 郭延礼、郭浩帆总主编,鲁毅、薛海燕主编:《中国近代女性文学大系·小说卷(上)》,齐鲁书社 2021 年版,第 837 页。
[19] 《眉语宣言》,载《眉语》第 1 卷第 1 号(1914 年 11 月)。依原文句读,标点为本文作者所加。

闲数指纹,或互较躯格","邻人咸知侬二人为未来伉俪,亦无所用其疑谤"[20]。这完全是自由恋爱的情景,只是陆母已给陆晓沧订了婚事,罗兰只得与陆晓沧分离。马嗣梅《绣鞋儿刚半折》叙述梅蕾随新婚丈夫勃朗克回法国参加对德战事,梅蕾随夫从军,被敌弹击中而亡。勃朗克悲痛欲绝,誓死赴战。梁桂琴《一朝选在君王侧》叙述明末孀妇刘氏被掳,选在王府为婢,王欲宠幸刘氏,刘拒之。原来刘氏为富家主母,丈夫死后,持家有方,不幸被掳,不甘为婢。王遂立刘氏为妃,夫妇相得。小说言"淑女之终当配吉士"[21],是乃全文主旨。这些小说的女主人公均称得上是"淑女",她们美丽良善,且有自己的主张,代表了《眉语》的价值取向。

二、"裸体美人画"风波

《眉语》创刊号上也刊有主编高剑华"意译"的小说《婉娜小传》。小说叙述伦敦姑娘婉娜被万勃尔伯爵收养,伯爵之子克露顿愤恨伯爵偏爱婉娜,害死伯爵,篡改遗嘱,婉娜离开伯爵家自谋生路。婉娜男友华磊找到婉娜,克露顿欲加害二人,不得,反而身死。克露顿罪行大白,婉娜回到伯爵宅邸,与华磊成婚。小说同样讲述了一位淑女的故事,美丽、善良又自立、自尊的婉娜最终获得了幸福。高剑华"意译"这篇小说的用意与许毓华等《眉语》编辑或作家写的小说一样,都是要为她们所理想的女性作标榜。

《眉语》销行很好,直隶、奉天、吉林、山东、福建、广东乃至南洋等各地均有发行,但还是停刊了,当时及后来的研究者认为《眉语》是"被禁"的。1916年10月,《时报》刊出新闻《查禁〈眉语〉杂志》道:"经本会查得有《眉语》一种,其措辞命意几若专以抉破道德藩篱,损害社会风纪为目的。在各种小说杂志中,实为流弊最大。查是项杂志,现正陆续出版,亟应设法查禁,理合检送原书,呈送钧部,拟请咨行内务部转饬严禁发售,并令停止出版,似于风俗人心不无裨益……查《眉语》杂志所载小说图画各种,大率状态猥

---

[20] 许毓华:《一声去也》,载《眉语》第1卷第1号(1914年11月)。依原文句读,标点为本文作者所加。
[21] 梁桂琴:《一朝选在君王侧》,载《眉语》第1卷第1号(1914年11月)。

亵,意旨荒谬,几不知尊重人格为何事。此种风气之流布,其为害于社会道德实非浅鲜。将原书十五册,咨部查照,转饬所属,严禁再行印售,以正人心,而维风教。"㉒ 这是上海奉江苏省公署训令查禁《眉语》的公告。"本会"指的是通俗教育研究会,是当时教育部的所属机构。1916 年 9 月 7 日,教育部发出查照文,同意通俗教育会提出的"严禁再行印售"《眉语》的呈请,咨内务部执行㉓。9 月 25 日,内务部咨复,训令各省和京师警察厅严禁《眉语》印售㉔。于是 10 月 7 日《时报》刊出《查禁〈眉语〉杂志》公告,已是接到了省公署的训令,其文字内容与教育部所发的查照文一致。不仅在上海,10 月 16 日,福建督军兼福建省长李厚基也发布训令,禁售《眉语》㉕。《眉语》销行甚广,其被禁,成一公开事件。

研究者道:"《眉语》办得好好的,怎么一下子就悄无声息地停掉了,其中可能有经济压力或者主持人改行等等原因,但仅'损害社会风纪'这一条就足以把《眉语》送上死路。尽管内务部正式查禁《眉语》是在 1916 年 9 月,《眉语》最后一期出版在该年 5 月底,但是考虑到通俗教育研究会从搜集、审核,将结果提交内务部,再由内务部发文公布查禁目录需要不短的时间,可以推测《眉语》的停刊与此事极有可能存在因果关系。"㉖ 也有研究者认为:"《眉语》的停刊并不是孤立事件,而是 1916 年'纸荒'危机作用于出版市场的结果之一。只不过《眉语》恰好在这一年遭遇了教育部通俗教育研究会的查禁,很容易使人望文生义,将这两件本来没有关系的事件联系起来,进而敷衍出来一部对'鸳鸯蝴蝶派'的'斗争史'及其'消亡史'。"㉗ 纸荒危机应是《眉语》停刊的主要原因,但如果没有纸荒,《眉语》也会因接踵而来的教育部禁令而停刊,毕竟"抉破道德藩篱,损害社会风纪"不是所有停刊杂志会背负的罪名。那么《眉语》究竟如何抉破藩篱、损害风纪了呢?

㉒ 《查禁〈眉语〉杂志》,载《时报》1916 年 10 月 7 日。句读标点为本文作者所加。
㉓ 《咨内务部据通俗教育研究会呈请咨禁〈眉语〉杂志请查照文》,载《教育公报》第 3 年第 11 期(1916 年 10 月)。
㉔ 《训令通俗教育研究会准内务部咨复〈眉语〉杂志已通行严禁文》,载《教育公报》第 3 年第 11 期(1916 年 10 月)。
㉕ 《训令四道尹、六十三县知事、省会、厦门警察厅禁售〈眉语〉杂志由》,载《福建省教育行政月刊》第 1 卷第 11 册(1916 年 12 月)。
㉖ 郭浩帆:《民初小说期刊〈眉语〉刊行情况考述——以〈申报〉广告为中心》,载《学术论坛》2015 年第 1 期。
㉗ 马勤勤:《纸荒危机与通俗文学的浮沉——从民初〈眉语〉杂志的停刊谈起》,载《中国人民大学学报》2022 年第 5 期。

禁令中有言，"查《眉语》杂志所载小说图画各种，大率状态猥亵，意旨荒谬，几不知尊重人格为何事"，问题大约就出在小说与图画上。只要查看《眉语》创刊号的"图画"，便已"惊世骇俗"。创刊号封面是一位站立的裸体女郎，所披透明纱巾遮掩半身，玉臂扬起扶头，酥胸裸露，身姿妖娆。封面右下角注"曼陀"二字，当是画家郑曼陀所作。郑曼陀是民国著名画家，1914 年左右，他首创擦笔画技法，所画美女"肤色白里透红，细腻圆润，视觉效果极佳"㉘，引领了月份牌时尚画风。《眉语》创刊号的封面画即用的是擦笔画法，十分写真。当然《眉语》的封面画也有穿着家常衣服的女子，画家也不只郑曼陀一人，但裸体女郎确为《眉语》的一大"招牌"。1915 年《申报》为《眉语》发广告道："本杂志发行已一年，销数达万册。兹值第二年第一号出版，特印长二尺、宽尺余之大幅裸体美人名画，香艳精美，为自来所未有。准于阴历十二月初十日起，由本杂志发行所分赠。凡预定本杂志第二年半年者（从十三号定起），每份各赠一幅，至阴历明年三月初十止赠，以示优异，幸勿失此机会。"㉙分赠的具体情况不得而知，但以"大幅裸体美人名画"为订阅《眉语》的赠品，可见行销者是有意取悦读者好尚的。

《眉语》第 1 卷第 1 号（1914 年 11 月）封面画，署名"曼陀"

以裸体美人为"招牌"，的确是一种营销手段，但裸体美人画作，又是艺术品，二者如何调和，《眉语》的做法实在领风气之先。《眉语》不仅以裸体美人画作封面，同时还开设"图画"栏目，在封面、目录之后，展示各种女性图画和照片。如创刊号上就刊有《西方虞姬》《西方杨妃》的西洋裸体女子画，第 7 号、第 10 号、第 11 号、第 12 号、第 14 号、第 16 号、第 17 号、第 18 号等，都刊有"裸体名画"。还有"爱情名画"，多为西洋男女搂抱

㉘ 张伟、严洁琼：《晚清上海生活史：小校场年画中的都市风情》，上海科学技术文献出版社 2020 年版，第 217 页。
㉙ 《〈眉语〉十三号：特赠大幅裸体美人画月份牌预告》，载《申报》1915 年 12 月 14 日。句读标点为本文作者所加。

的画面,并题名"抚艳""含玉""餐秀"㉚等,实可用"香艳"来形容。作为艺术品,这些图画能展现女性之美,可供欣赏品味。如果考虑到《眉语》所倾向的女性读者,那么无论是"裸体名画"还是"爱情名画",都能让民初的中国女性得到某种体悟:女性作为美感的化身,应获得自身的幸福。但另一方面,这种开放的审美,很难被世俗接受。

1914年2月《时报》就发文《不准发售裸体美人画》:"近来租界各处各玻璃镜架店,咸以中西裸体美人照片装潢镜架,悬诸门首,引人观看,借广招徕。此种照片虽非春宫秘戏之比,究非雅观,且足为发生奸淫之媒介。故经老闸捕房捕头查见,禀奉公廨。"多名店主"解送公堂","以此等照片有伤风化,遂判各罚洋十元充公,并着将所有此等照片送存捕房销毁,以后不准擅行发售,违干提究不贷。"㉛《申报》也发有此事之新闻,题为《出售裸体美人之没趣》《不准再售裸体美人画片》,把这些画片称为"中西妇女出浴图",指其"诲淫"㉜。《时报》对此还刊有"时评",其文曰:"裸体美人画,为美术之一种。东西洋美术学校,颇有出资,雇裸体妇人逐日到校,令学生摹写其姿势者。豪富之家,更有以裸体美人画为会客室之装饰品者。今各镜架店以此等照片悬诸门首,观看者多,有碍行人,自应干涉。若即谓此画片为发生奸淫之媒介,为有伤风化,过矣。"㉝把裸体美人画"悬诸门首"并非"有伤风化",只是妨碍了行人交通,这一评论观点与新闻的表述倾向不一致,在民初实属新潮,而此观点正可作为《眉语》把裸体美人画置于封面的依据。在"不准发售"的社会声音之下,《眉语》的出刊显然有挑战世俗的意味。

当时某报纸上刊出一条"滑稽专电":"某甲读《眉语》杂志,疑封面裸体美人即主任人某女士之写真。语其友云:不想某女士之面孔竟每一个月会变换一次的。"㉞对《眉语》颇是一种侮辱,也可管窥一般无知民众的认识。1916年《时报》发文《图画女子呈禁曼陀画师不准再绘裸体文》道:"讵有画师郑曼陀,每将女子绘为裸体,轻薄少年,固属欢

㉚ 《爱情名画》,载《眉语》第2卷第2号(1915年)。
㉛ 《不准发售裸体美人画》,载《时报》1914年2月21日。句读标点为本文作者所加。
㉜ 《出售裸体美人之没趣》,载《申报》1914年2月19日;《不准再售裸体美人画片》,载《申报》1914年2月21日。
㉝ 《时评三》,载《时报》1914年2月21日。依原文句读,标点为本文作者所加。
㉞ 《滑稽专电》,载《新无锡》1915年4月28日。句读标点为本文作者所加。

颜；高人雅士，不免掩面。使女子羞无可羞，避无可避，反将清白之芳姿，变为勾淫之图画。虽知平等自由，无所畏避，然礼尚风化，攸关国体。女子名节至重，被其污秽，理合陈情。"㉟这是被画女子的"呈文"，意为女子本非裸体，是郑曼陀"将女子绘为裸体"。这也是对裸体美人画的一种解释，依然是维持风化的行为。同年，《时报》《新闻报》仍刊有《出售裸体美人照片被罚》《判罚出售裸体美人片》的新闻㊱，也就是说，从《眉语》出刊到停刊，裸体美人画在社会舆论与法规执行中，基本是被否定的。《眉语》公然刊行裸体美人画，勇气可嘉，被禁亦是必然，而其商业行为也可看成是一种独立姿态。

三、主体自我的呈现

《眉语》的封面裸体美人画当然不是主编高剑华的写真，不过高剑华确实把她和夫婿许啸天的照片及合影刊登了《眉语》上，同时《眉语》还刊有其他夫妇、燕侣、有情男女的照片，足以营造出一种合情合理、坦然公开的爱情观。这与刊发裸体美人画的用意可谓是一致的。

高剑华不但对裸体美人画持赏鉴态度，还写了篇小说《裸体美人语》，刊于《眉语》第4号首篇。高剑华把小说中的裸体美人塑造成她所理想的女性，在她的作品中，这篇小说是最值得关注的。小说女主人公"侬"生长于杭州西湖畔，是一位出离世俗的绝世美人，可谓"似西洋雕刻之自由女神"㊲。诗书画艺，涵养性情；生性自由，不拘于俗。这是作者理想的美人形象。"侬"即是"你"，小说的第二人称写法，带有一种对话语调，即与另一个自我在对话，如布伯所言，"人通过'你'而成为'我'"㊳。

但"侬"的生活出现了变化。已嫁得贵婿的表妹霞婧来访，在霞婧的撮合下，"侬"

㉟ 悲秋：《图画女子呈禁曼陀画师不准再绘裸体文》，载《时报》1916年6月18日。依原文句读，标点为本文作者所加。
㊱ 《出售裸体美人照片被罚》，载《时报》1916年2月18日；《判罚出售裸体美人片》，载《新闻报》1916年2月18日。
㊲ 高剑华：《裸体美人语》，载《眉语》第1卷第1号（1914年11月）。
㊳ ［德］马丁·布伯著，陈维纲译：《我与你》，生活·读书·新知三联书店2002年版，第24页。

嫁给了怡亲王。王府的生活与"侬"的天性格格不入,在一次随侍皇后游内苑时,"侬"独自走到一处仿佛"世外桃源"的所在,见到了一位裸体美人:

> 正徘徊间,见丛花中隐隐露一美人之首。侬急趋视之,则一裸体之美人玉立花前,憨容可掬。细察其肤色,如凝脂,披发如垂丝,见人毫无羞涩态。彼乃以莹莹之目注侬曰:"汝俗人也,速去此。"侬笑对之曰:"若汝者,一丝不挂,真俗不可耐矣。"裸体美人闻之,微晒曰:"脂粉污人,衣饰拘礼,世间万恶,莫大于饰。伪君子以伪道德为饰,淫荡儿以衣履为饰。饰则失其本性,重于客气,而机械心盛,返真无日矣。吾悲世人之险诈欺饰也,吾避之惟恐不速。吾居此留吾天然之皎洁,养吾天性之浑朴,无取乎繁文华饰,而吾心神之美趣浓郁,当无上于此者矣。"侬闻其语,侬乃大悟吾重入尘俗之非,随终于山中,追随美人,以还我完璞也。㊴

裸体美人的话令"侬"醍醐灌顶,于是"侬"离弃世俗,以成就完全淳朴的自己。这就是"裸体美人"的寓意,返璞归真,任性自然。可以看到,小说对"侬"当初的形象描写和裸体美人几乎是一样的,"侬"可谓遇见了第二个自我,她追随裸体美人,即是回归了自我本性。而无论是"侬"还是裸体美人,都是作者理想自我或理想女性的投射。以此来看《眉语》封面的裸体美人画和所刊西洋"裸体名画",可知主编者的用意不仅是商业市场效应,也不仅是艺术审美。作为一种视觉客体的美人画,同时也可获得"主体身份",主客体之间具有"流动性"或者能够实现"翻转"㊵。《裸体美人语》形象阐释了"侬"和裸体美人之间的这种主客或互照关系,从而使女性的主体自我得到呈现,虽然"其追求主体性的意识可谓大胆而彻底"㊶。

裸体美人是《眉语》引人注目的所在,其他的各式"美人"同样是《眉语》关心的话题。从创刊号开始,《眉语》在"文苑"栏刊有《美人百咏》辑诗,是高剑华选编日本和久光德辑录的诗作和中国历代古诗中描写女性的作品而成,每首诗都署有原作者姓名。如选日人大渲诗佛的《美人步云》诗:

㊴ 高剑华:《裸体美人语》,载《眉语》第 1 卷第 1 号(1914 年 11 月)。依原文句读,标点为本文作者所加。
㊵ [美]迈克尔·安·霍利(Michael Ann Holly)著、王洪华译:《回视:历史想象与图像修辞》,重庆大学出版社 2020 年版,第 15—16 页。
㊶ 薛海燕:《民初女性小说作家研究》,中国社会科学出版社 2015 年版,第 132 页。

> 斜持轻伞褰裳步,缕屐痕生满地银。
> 黎带消时花驻晕,触钗堕处玉飞尘。
> 双眸生眩眩因雪,万点无香香是人。
> 思得罗浮山下梦,落梅丛里遇花神。㊷

这些诗作幽雅清丽,气韵生动,可看出选编者高剑华的个人好尚。在很大程度上,高剑华把自身对于美好女性的向往借由小说、诗作、图画映现出来,从而为民初女性塑造出可资借镜的自我形象——温婉又坚韧,娴静又自由,古典又现代的"美人"。

值得特别关注的是,高剑华还"以身作则",书写自己的人生经历与视野喜好,既观审自我,也为《眉语》的读者和民初女性呈现出一个真实的主体形象。《眉语》第1号至第6号,高剑华连载了她的自叙性散文《俪华馆游记》。这篇长文由八篇相对独立的散文构成,依次是:《北京旅学记》《万国仕女游艺会记》《甬上风土记》《沪滨琐记》《越中风土记》《东湖记游》《七星岩宴客记》《金牛湖赏雨记》。第一篇和第二篇记的是从杭州到北京求学的经历;第三篇记述入京之前随母亲在甬郡的生活;第四篇描写居住上海的境况;第五篇、第六篇和第七篇叙述在绍兴及浙越地区的游历;第八篇叙写杭州西湖景致。时间上,《甬上风土记》所记之事当是早期经历,《沪滨琐记》可能记叙的是当下生活,其他篇目基本按发生时间排序。《沪滨琐记》及之后的诸篇均叙高剑华与许啸天的婚后生活。所谓"俪华馆",指的是二人婚后的居室。研究者或把《俪华馆游记》当作高剑华生平资料的补充,但更可注意的是其中所流露出的个人性情,传达出了作者所追求的理想女性形象与生活方式。

四、《俪华馆游记》中的"百美图"

《北京旅学记》和《万国仕女游艺会记》较为细致地叙写了高剑华因不满于家乡杭州的学校教育,独自负笈北上,考取京师女子师范学堂及在北京读书的经历。文中对自

㊷ 大渌诗佛:《美人步云》,载《眉语》第1卷第1号(1914年11月)。依原文句读,标点为本文作者所加。

我形象有一个有趣的描写:"余目短视,为全校冠。盖近在五步之内,置一如盃大之罗马字,而余不能辨。"㊸这位必须戴着眼镜的女学生,被老师挑选中,参加了万国仕女游艺会的跳舞表演。这当是高剑华求学生涯中十分自豪的一件事。在北上求学途中,另一件事也令高剑华记忆深刻,即她乘船至天津时,参观了北洋女师范学堂。文中对北洋女师范学堂校舍的描述,要比京师女子师范学堂详细得多:

> 余等出应接室,折而西行,则群芳夹道,老树倚斜。屋分东西两部,曰普通,曰专备。两部之屋,纤巨都无差别。若课堂,若自修室,尤为雅静。入其室,则雕窗紫槛,净桌明几。时值南风报罢,暑溽全消。窗外高桐槐叶,如小绿天,尤足增人幽趣。然此室只能用以吟诗击竹,弄瑟谈经,而今者乃置各学科之试验器,则殊非所宜。余至此,愤世出尘之想,不禁油然而生。㊹

北洋女师范学堂1906年成立,吕碧城任监督。此校之前名为"北洋女子公学",创办于1904年,吕碧城为总教习。"北洋女子公学不仅是京津一带最早建立的公立官立女学堂,而且是我国最早建立的公立官立女学堂。"北洋女师范学堂则"是我国最早举办的女子师范教育机构"。吕碧城为《北洋女子公学同学录》作序道:"吾辈于文明之域,美人香草曷胜迟暮之悲。诸生其绩学储能,将来各出所得,以闳教育而回景运。此则,人人所当引为己任,不容一隙自宽者也。"㊺高剑华参观北洋女师范学堂,可以说是与吕碧城的一次"相遇"。她生出"愤世出尘之想",当是这所学校与她的心性正相契合。

《东湖记游》《金牛湖赏雨记》等篇,对于风景和人事的记叙都可看出高剑华的这种心性,恬淡舒静,好尚自然。她坐船游东湖并访陶氏居:"余舟退归,复至洞口,出洞前行,则有小亭一,耸立湖心。过亭则为嶙峋瘦石,石前尚有净屋数椽,纸窗木榻,一扫尘俗繁华之习气。屋之后部,尚有莲池,上横小桥,过桥则为陶公祠。碑碣烂然,而遍栽松柏,以尚未竣工故。不克前进,因休憩片刻,即返陶氏居。到则果饵之属,已陈于案。摘

㊸ 高剑华:《俪华馆游记》,载《眉语》第1卷第1号(1914年11月)。依原文句读,标点为本文作者所加。
㊹ 高剑华:《俪华馆游记》,载《眉语》第1卷第1号(1914年11月)。依原文句读,标点为本文作者所加。
㊺ 邱士刚:《众星捧月——北洋女子公学的创建》,邱士刚:《北洋女师范学堂校歌及其赏析》,邱士刚:《〈北洋女子公学同学录·序〉及其学校创生意义》,选自李建强主编:《文化名流名脉——百年河北师范大学》,生活·读书·新知三联书店2012年版,第341、332、321页。

园中鲜笋及蚕豆为馔,陶夫人与余等饮啖甚乐。"㊻她和许啸天游西湖遇雨:"外子携余并肩倚窗赏雨,观荷叶着雨点滴若泻珠,相与笑乐。良久,雨势渐杀,乃命舟子棹舟至对岸,购鲜荔一罐,佐以酒肴。吾侪乃相对饮啖,冰盘进荔,玉杯品茶,此际风味,真不知世间有烦恼事矣。既撤席,而云退雨霁,山容若洗,倍增明媚,观之真令人块垒消也。"㊼文人雅致,是高剑华的情趣;夫妇相偕,更是高剑华在《俪华馆游记》中营造出的生活方式。"嫁得夫婿是文人,天涯橐笔,形影相随。"㊽这些都构成了高剑华的主体形象,既是她自我赏鉴的,也是她希望传递给《眉语》读者的。

在《沪滨琐记》中,高剑华记叙了她在上海观剧、游园、读书的日常生活。其中一部分特别谈论了"百美图"与中国古代的美人:

> 外子携《世界百美图》一卷归,互相翻阅。此图为药房中赠品,故无价值。图中萃集各国之妇人,上至皇宫贵嫔,下及野蛮部落之黑妇,嫱施盐嫫,聚伍篇幅,可见作此图者,呕心凝神而得此,然特意想中之美耳。类无切实之考据,或则此"美"字,专指妇人而言,斯可矣。
>
> 按诸中国古代美人,载之史册,如西子、郑旦、武韦妃、飞燕、太真,均千古不磨之美人,而他国未闻焉。虽然,论美人者,不可以色,当重才德,有足为后世垂范者,方得云美。若徒以色艳迷人,则未有不丧家辱国、祸乱相寻者。……且美人之丽情绮思,若名葩之芬芳馥郁,复娟媚添韵致。古人诗曰"蓬心不称如花貌",可知妇人之美,论色兼论才也。即容色稍逊,亦安得遽减身价。故如长门之赋、白头之吟、王嫱之书、班姬之德,其他如若兰、道蕴、易安、淑贞,凡此诸人,虽身世际遇,有厚薄之不同,而后世啧啧为称之曰美人才妇,令人追想当年,不胜感慨。㊾

许啸天带来《世界百美图》,和高剑华一起赏鉴。以高剑华的审美,其中"嫱施盐嫫"会聚,当不都是"美"的。这或许出自中国人的审美观,故高剑华加了一句,此"美"可能"专指妇人而言",女性本身就是美,即如当时用"香艳"可以指代女性一样。所以《眉

㊻ 高剑华:《俪华馆游记》,《眉语》第1卷第4号(1915年3月再版)。依原文句读,标点为本文作者所加。
㊼ 高剑华:《俪华馆游记》,《眉语》第1卷第6号(1915年4月)。依原文句读,标点为本文作者所加。
㊽ 高剑华:《俪华馆游记》,《眉语》第1卷第4号(1915年3月再版)。依原文句读,标点为本文作者所加。
㊾ 高剑华:《俪华馆游记》,《眉语》第1卷第3号(1915年4月再版)。依原文句读,标点为本文作者所加。

语》所刊各种女性图像，今天看来也是“嫱施盐嫫”并存，但均可以作一种审美的观视，同时也见出高剑华夫妇对女性主体的认知肯定。

高剑华接着谈论“中国古代美人”，强调才、色兼论，并且“不可以色，当重才德”，这应是对“嫱施盐嫫”的进一步解释。古代苏若兰、谢道韫、李易安、朱淑贞等人都是才女，是高剑华欣赏的女性，但她们都有各自不幸的遭际，令人“不胜感慨”。谈论这些古代美人，高剑华实在是为现代女性做权衡，在才色兼备的同时，是否可能规避古代美人们的不幸呢？在《俪华馆游记》中，高剑华以自己的经历，肯定地回答了这个问题。

在刊载《沪滨琐记》的《眉语》第 3 号，也有一篇《眉语宣言》，和创刊号的《眉语宣言》不同。其文道：

> 入其国而建筑宏丽、道途修洁；接其人而思想清逸、举止安详者，必其文学美术俱臻发达。东西各国，政府提倡之、社会崇尚之文化关键，胥视乎此。回顾邦人，昏昧顽劣，民气日以堕，国运日以蹙，谋国事者，非致力于社会教育，阐扬美术以感化民气不可。本志之出，风行一时，承海内外投书，称为风雅之作。本社感愧无极，惟有力自扩充。从第三号起增加篇幅，精选图画，并出增刊一种，搜集中国各界妇女之影片，上自后妃，下逮贫妇，都百余种，分类精印，斐然成册，名曰《中国女子百面观》。凡订购本报全年者，一律奉送；订购半年者，半价取值。现在印刷中，风雅君子，幸勿失此好机会也。(50)

《申报》发广告要赠送“大幅裸体美人名画”时，《眉语》发行已经一年。而《眉语》第 3 号的宣言要赠送《中国女子百面观》，许是受到《世界百美图》是“药房中赠品”的启发，也是销行手段，此时，《眉语》称其已“风行一时”。《中国女子百面观》不知是否成册，但在《眉语》第 5 号、第 6 号、第 7 号、第 8 号等“图画”栏中，都刊有《中国女子百面观》的照片，其中有乡下妇人、女犯人、贫家女儿、女学生、时装女子等，这些已不关乎“嫱施盐嫫”了，而是力图呈现中国女性的真实处境与面貌。可以将图像“看作是视觉、机器、制度、话语、身体和比喻之间复杂的互动”(51)，《眉语》所刊的这些图像映现出的正是现代文化

(50) 《眉语宣言》，《眉语》第 1 卷第 3 号（1915 年 4 月再版）。依原文句读，标点为本文作者所加。

(51) ［美］W. J. T. 米歇尔著，陈永国、胡文征译：《图像理论》，北京大学出版社 2006 年版，第 7 页。

与政治制度中女性形象的主体自觉。

《眉语》要"致力于社会教育,阐扬美术以感化民气",这是其刊登大量美人画的用意。世人称《眉语》为"风雅之作",不仅因为有《俪华馆游记》《一声去也》等以女性为主人公的散文、小说作品,也因为其所刊载的各种中外女性照片、图画,包括裸体美人画,都内含着"感化民气"的诉求。面对"昏昧顽劣"之"邦人",《眉语》以惊世手笔引领了时代风姿。

郑振铎日记（1939 年 1—2 月）

郑　源　整理

1 月 1 日（星期日）

　　七时起。阴。得景耀［严景耀］①电话，打电话给王及陈。十时许到青年会。送两盒肉松给景耀，回家午饭，饭后，即在岳母家，箴［妻子高君箴］等均已先往。贝贝［儿子郑尔康］不在家，至闷。二时许，携仲洽［岳父高梦旦之子高仲洽］同往大光明［大光明大戏院］观 H. L.［哈罗德·劳埃德主演］的 *Professor Beware*［美国电影《古董教授》］。夜，在鹤琴［陈鹤琴］家吃饭，同席者均熟人。

1 月 2 日（星期一）

　　八时许起床。晴。携贝贝到静安寺闲走。尹音民来拜年。下午阴，略睡。二时许至 Metropol［大上海大戏院］看 *Adventures of Marco-Polo*［美国电影《马可·波罗东游记》］，十分拥挤。回家略息后，六时至青年会偕适夷［楼适夷］至航运俱乐部吃饭。十时回，郭心晖［郭云观之女］曾打电话来，未遇。

1 月 3 日（星期二）

　　七时起。天阴，微雨。得张菊生信，并附影印《元明杂剧》契约。即复一函。阅《三侠剑》第三集，拟研讨他们所谓"侠义"的中心思想。十一时

1939 年 1 月 2、3 日日记

---

①　文中"［　］"中文字为整理者注释，"（　）"中文字为作者原文。

半,到青年会午餐,晤陆[陆高谊]、陈[陈鹤琴]、韦[韦悫]诸位。至南京[上海南京大戏院],购票不到。转到国泰[国泰大戏院],购五时半票。回家稍息。五时许,去看 You Can't Take It with You[美国电影《浮生若梦》],极有趣。九时睡。

1月4日(星期三)

早晨在床上看《三侠剑》第三集毕。所谓"侠义",实是"顺民"之代名词也。以守法安分为主。八时半起床,匆匆梳洗后,即到校。十一时许,授课毕,即刻到四合里[国立暨南大学图书馆]。与予同[周予同]谈话。下午到四合里办公。四时,回家取《连环记》抄本二种。到开明,晤乃乾[陈乃乾],见他所得的抄本《连环记》,实乃《鼎峙春秋》也。五时到南京看 The Girl of The Golden West[美国电影《西部女孩》]。八时,归,喝酒,即睡。

1月5日(星期四)

七时半起床,赴校办公。十二时许回。二时许,到 Grand[大光明大戏院]看 I am The Law[美国电影《恐怖世界》]相当的紧张。回家稍息后,至社讲所[上海社会科学讲习所]授课。得十二月份薪二十五元。在传经堂购得《鸿雪姻缘图》四册,二元。九时半,回家,睡。

1月6日(星期五)

七时许起床,到校授课。十一时许回,携小箴[女儿郑小箴]、贝贝到静安商场购棉鞋。下午,到校办公。欲写一文,未成。可见文思之钝!四时,到剧艺校上课。五时半,到四马路旧书商场,看《鼎峙春秋》,即乃乾所见者。原价一百六十元,较前已锐跌矣。还一百元,购《梦中缘》(一元)及《日下尊闻录》(二元)。

1月7日(星期六)

七时许起。晴。昨夜下雪,屋上皆白。到四合里。予同来谈。十二时到晋隆[晋隆西菜馆],纪堂[杜佐周]请客,箴也来。饭后偕箴步行到南京看 There Goes My Heart[美国电影《我心归处》],很有风趣。又步行到大新,买贝贝棉鞋。回后,稍息,即至健行[健行大学,社会科学讲习所借该校上课],赴师生交谊会。观《夜之歌》,尚好。晚写毕《自学》一文。十一时睡。

1月8日(星期日)

七时起。晴。十时,到证券大楼光华[光华大学]讲演"现代文学"。晤张欣海,不见已七八年矣!十二时,到华华[华华中学]。偕季羡林、性尧[金性尧]到永兴昌喝酒。二时许,到 Grand 看 *Straight Place & Show*[美国喜剧电影],甚为胡闹。在光明喝咖啡。五时回。景耀于六时许来谈。偕往瑞璜[孙瑞璜]家吃饭。十时半回,即睡。

1月9日(星期一)

七时起。阴。下午微雨。八时半许,张运新来,许杰来。九时到校授课,十一时许,讲"现代文学"。参加毕业同学会,即回。下午一时许,陈宪初偕宪琦来。二时许,到校办公。四时许,到凯司令喝茶。柏丞[何柏丞]等同在。步行归。六时许,到王宅晚宴,在座者有 Sir. A. Kerr、瑞璜夫妇、及保□台□等。十时半回。

1月10日(星期二)

因贝贝吵,六时即起床,晴。伤风甚剧,喉音哑,已有三数日,今日略好。九时赴校,借一百元,预备付房钱。十二时许,到青年会午餐。张等在座。二时许,到 Cathay[国泰大戏院]看 *His Exciting Night*[美国电影]。夜,本弄开会,房东要求加租二成,后决加一成。十一时睡。

1月11日(星期三)

八时起床,太阳光已满晒窗前。因喉声哑,不能高声说话,请假一天。静卧在床,被楼下的房客接连的打电话,吵闹得不堪。即买一把锁来锁住了。不料他们却剪断了电线!闹了好半天。上午,华来;下午,文祺、文元来。夜,至新新吃饭,在座者有瑞璜等。

1月12日（星期四）

七时许起床。仍伤风。到校办公。十二时,至梁园,孙、王等请客。三时回家。五时许,到银行学会讲演"现代文学"。七时,至健行,因喉音实在太哑了,只好移后一星期许上课。十时回,喝了些酒即睡。康媛由其父叔携来,大哭,即回。

1月13日（星期五）

八时许起床。昨夜睡颇不安。早起,头晕,胸中作呕。宝宝亦有同病,疑煤炉漏了气。但到了客厅,便清爽得多。张来。到校授课。下午二时,到校办公。借复记款100元。下午四时,至予同家探病,他尚睡在床上。五时回。六时偕箴同赴聚丰园,钱请客。稍坐,即至霞飞路李君处晚宴。到者皆熟人。十一时回。

1月14日（星期六）

七时半起床。阳光满地。到校办公。十二时回。饭后,到 Grand 看 *The Sisters*［美国电影《三姐妹》］,颇为满意。又至 Metropol 看 *Maid's Night Out*［美国电影《情婢春宵》］。归时,已八时余,喝些酒,即睡。伤风咳嗽仍未愈。

1月15日（星期日）

六时许醒,即起床。楼下盛某,定今日迁居,大可清静一些了！偕箴、文瑛及诸小儿至上海新市场闲逛,买些玩具,至采芝斋买些糖果。十一时许回。一时左右,他们已完全迁出。二时,到 Cathay［国泰大戏院］看 *Emperor's Candlesticks*［美国电影《皇帝的烛台》］。与高傭（陈高傭）等在 DD［DD's 咖啡馆］谈话。严、王、张等在寓晚餐,十时许散去。即睡。

1月16日（星期一）

七时许起。阴雨。九时许到校授课,这一课是本学期最末之一课矣！十二时,在蜀腴［蜀腴川菜社］便饭,杜［杜佐周］、程［程瑞霖］、李等均在。下午,到校办公。四时许回家。因阴雨绵绵,甚为气闷,从没有如此之郁郁过!寿祺[杨寿祺]来电说,得《玉杵记》。甚喜!然竟敌不过低气压的压迫。酒后,很早地睡。

1月17日(星期二)

六时许即起。贝贝甚吵。九时许,到校办公。仍阴雨不已。予同来谈。十二时,至来青阁看《玉杵记》,白棉纸印,后附杂剧两本,甚佳,惜价(120.00)不肯稍让。然终于成交。一时许,到瘦西湖[瘦西湖餐厅]午饭,冯[冯执中]、陈、张[张若英,即阿英]、尤[尤兢,即于伶]等在座。所争论者很细小。又到巨籁达路一谈。五时许,偕小箴到 Nanking(南京大戏院)看 Room Service[美国电影《客房服务》],八时回。

1月18日(星期三)

七时许起。八时,即到校监考。十二时回。下午,到四合里。执中[冯执中]来,谈了许久。(七时半,蒋来,谈了一会)四时许回。五时半,到健行授课。课后,独至永兴昌喝酒。酒后,至章民表叔处,携小箴回。她今天生辰也。十时许,睡。

1月19日(星期四)

七时许起。晴。到校办公。得晓铃[吴晓铃]寄来彩印《录鬼簿》,如见故人。下午,至 Grand 看 Who Goes Next[英国电影《战囚掘隧记》],很紧张。到菜菜吃茶点。顺途至中国书店,购得不全之《花竹堂集》及四库底本之《花草粹编》。价未讲定。六时,至清华同学会夜饭。饭后,偕周、陈、王、方[方光焘]等至寓闲谈。十时许,睡。

1月20日(星期五)

六时半起。晴。九时许,到校监考。下午,到校办公。四时,到剧艺校上课。五时三刻,到海关俱乐部讲《红楼梦》,听者多半是熟人。七时半回家。张[阿英]、顾[顾仲彝]、尤[于伶]等于八时半来谈艺校事。十时许,别去,即睡。

1月21日（星期六）

六时许起床。晴。甚暖和，很像仲春天气。八时，到校监考，抄录《也是园藏曲书目》。十二时许，到光明咖啡馆，约执中［冯执中］同餐。餐后走到南京看 *Judge Hardy's Children*［美国电影《情窦初开》］，很动人。在书摊上购《千遗民诗咏》五册，价一元。六时许，到东华［傅东华］家喝酒。同座者有何［何柏丞］、王［王伯祥］及开明诸友，谈甚畅。十一时半始归。

1月22日（星期日）

七时半起。阴雨，甚暖和。张来谈。九时半，赴中法联谊会为艺校事。晤冯、张、顾、尤诸位。大致解决。顾为话剧科主任，张调电影科主任。一时许，同去午餐。归家休息了一会，三时许到四马路。购旧书数元，有《陈仲鱼校本〈宋元人词〉》四册，甚佳，惜未及购。到 Metropol 看 *Booloo*［美国电影］。七时半，至吴宅晚餐。十一时回。

1月23日（星期一）

七时半起。晴。张来，送《王季重集》。郑来。九时到校办公，整理劫余书目。十二时回。下午，仍到校理书。三时，到 Cathay 看 *Sixty Glorious Years*［美国电影《荣耀六十年》］，平淡而佳妙。五时回。六时半到航运俱乐部晚餐，遇陈、孙等多人。十时回，即睡。

1月24日（星期二）

七时半起。头晕，心烦作闷！晴，晚阴雨。九时赴校办公，仍在理书。十二时回。下午，赴校监考。二时许，到大光明看 *Spawn of The North*［美国电影《北方之子》］，五时回。郭心晖来谈，馥泉［汪馥泉］来。偕馥泉同到清华同学会晚餐，在座者有胡、陈、沈诸人。讲到国文教学方法，甚久。十时许回，即睡。

1月25日（星期三）

七时半起。阴雨。作一函，连同契约托佩贞带昆明去。二百余种元明曲，一旦付之影印,大快事也！九时到校办公。甚忙！十二时回。下午,到 Nanking 看 Hard to Get[美国电影《闺秀弄情》]。四时许,到来青阁等书肆闲逛,至社所上课。七时,到蜀腴晚餐,何、杜等在座。九时至 Metropol 看 Haunted Man。十一时回,即睡。

1月26日（星期四）

七时半起。有太阳,时隐时现。九时到校办公,阅卷。十二时回。午后二时,到 Grand 看 Five of A Kind[美国电影《五凤齐鸣》],在光明喝茶。五时许回,预备功课。六时半到社所上课。今天是本学期结束的末一课了！九时,陈到校找我,同到邦镲[赵邦镲,《每日译报》]处接洽出版纠纷事。回时已将十时半,即睡。

1月27日（星期五）

七时半起。阴。九时赴校办公,阅卷。十二时,到光明咖啡馆午餐,在座者有王、孔[孔另境]、陆[陆高谊]等。与陆约定签订丛书契约事。下午,午睡了一会。三时半,到中法上课。五时,到来青阁取回装订好之《玉杵记》,甚喜！洗后面目一新！赴李君华阳楼宴,略坐即到清华同学会晚餐,到十几人,皆同事也。

1月28日（星期六）

七时半起。晴。阳光满地。九时赴校办公。性尧等来谈。十二时回。下午,午睡了一会。在家空忙了一会,一事不曾做,只看完了尊闻[罗有高,号尊闻居士]译的一本书。七时许,严来,谈了一会《今日和明日的世界》的翻译事,下星期可以结束。喝了不少酒。十时许,睡。

1月29日（星期日）

七时起。阴雨。上午,汪[汪树人]送了《清议报》及《绣像小说》六十余册来,价三元。景深[赵景深]来,送《小说戏曲新考》一册。谢生来,谈了一会。下午,午睡了一会。家璧[赵家璧]来谈。二时许,到 Nanking 看 Men with Wings[美国电影《银翼春秋》]。五时,又到 Cathay 看 Brother Rat[美国电影《鼠弟》],代表美国式的轻快的生活。

七时半回,天阴雨不止。夜,阅卷,仍未毕。

1月30日(星期一)

七时半起。阅卷。阴雨。赴校办公。借增美百元。十二时回。下午,清整《也是园杂剧全目》,即送给菊生[张元济]。二时许,到 Metropol 看 Safety in Numbers[美国电影《怡红公子》],座客寥寥。冒雨到来青阁,还四十元。五时回。休息了一下,到航运部晚餐。陈君谈印度赴会事,甚详。十时许,偕孙夫妇回,即睡。

1月31日(星期二)

七时起。阴。九时,到校办公,整理书目。正午,到蜀腴午餐。赛文回沪,说了许多内地的事,很不乐观。二时许,回家。贝贝略有不适,甚吵闹不安。西禾[陈西禾]来谈。七时,步行到善钟路杨宅晚餐。遇吴、胡二位,皆久未见矣!吴带了许多印度的消息回。十时归,即睡。

2月1日(星期三)

七时起。贝贝整夜不安睡。阴雨。上午,到校办公,审查公费免费生。十二时,到冠乐便饭,在座者皆中法教员。二时许回。四时,到凯司令吃茶,程、杜、何均在。六时半才回。七时偕箴和宝到大东,赴郭可珍和沈君[沈祖浔]结婚之宴也。一时半,回。雨甚大。不久,即睡。

2月2日(星期四)

八时起。阴雨。九时许,到校办公。黄俊霖[黄骏霖]来谈了许久。十二时,回。午后,写了《秦穆公之霸业》及《弦高救国》二篇。四时许,到中国书店购《花竹粹编》残本两册(价一元),为"四库底本",甚喜!至 Grand 看 Submarine Patrol[美国电影《潜艇侦察舰》],并不怎样紧张。七时许回。九时即睡。

2 月 3 日（星期五）

七时起。晴。好几天没有见到阳光了！上午八时半，到四合里取物，贝、宝同行。九时许，到康脑脱路[今康定路528号，国立暨南大学]办理注册事。十二时，予同请在荣康[荣康中西菜社]便饭。二时许，又到校办理注册事。四时，借程车，到中法上课。五时半，到 Nanking 看 *Rich Man, Poor Girl*[美国电影《情重金轻》]。八时回，九时半睡。

2 月 4 日（星期六）

八时起。晴。九时，到校办理注册事。十二时偕予同、麟瑞[陈麟瑞]回家午餐。二时许，再到校。四时回。在家理书，拟先将明版书做一书目，其中颇有些罕见的本子也。六时半，偕箴及宝到味雅[味雅餐厅]吃饭，用去七元。八时半，回。明月如银盘似的悬在天空。

2 月 5 日（星期日）

七时起。晴。上午，在家整理书籍。因久不开箱，有许多书都已为蟑螂作根据地了。十一时，汪来谈。送宝及贝到高宅。十二时，到光明咖啡馆午餐，冯[冯执中]、顾[顾仲彝]在座，仍为剧艺校问题。二时，到南京看 *Annabel Takes a Tour*[美国电影《银星巡游记》]，短片 *Boat Builders*[迪斯尼动画片《造船记》]，为米老鼠片中最佳者之一。六时半，严来，同到胡[胡咏骐]宅晚餐。十一时半回。

2 月 6 日（星期一）

七时半起。晴。九时许，到校办公。图书馆搬迁将毕。田来谈。十二时回。饭后，在家搬理书籍。二时许，到校办公。四时，到商务及开明。五时回。西禾来谈，借去《儿女英雄传》两函。六时半，到航运会晚餐，孙、刘、吴诸位均在座。十时回。

2 月 7 日（星期二）

七时起。晴。九时半，赴校办公。予同、高倜[陈高倜]来谈。十二时回。下午，携贝贝赴商场购玩具。二时半,赴 Cathay 看 The Cowboy and the Lady[美国电影《牛仔与贵妇》]。五时许,赴 Metropol 看 Algives[美国电影《海角游魂》],描写得很深刻。七时半回。夜,写文话及短文各一篇。

2月8日(星期三)

七时半起。晴,冷。九时许到校办公。业已清理杂志毕。张来,赵、陈及性尧来,长傅[李长傅]来。十二时回。饭后,午睡了一会。收商务版税 97.50 元。对于年关,诚不无少补也!二时许,到校办公。四时,到开明晤伯祥。五时,途中遇大雨,同到五方斋便饭。五时半回。甚倦。晚有餐约,未去。八时许即睡。

2月9日(星期四)

七时起。阴。九时许,到校办公。袁来谈。十二时回。午睡未成。(收薪水 200.70 元)二时许,赴南京看 Too Hot to Handle[美国电影《操控女人心》]无甚深意。在大新冷饮。五时许,到 Metropol 看 The Saint in New York[美国电影《圣侠锄奸》],也不好。惟 Walt Disney 的彩色卡通,总是好的。七时半在光明咖啡馆晚餐。九时回。

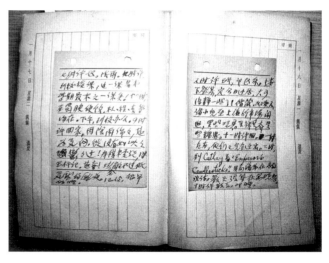

1939年2月9、10日日记

2月10日(星期五)

阴雨。七时许起。九时许,到康脑脱路上课。陈来。遇东华诸位。十二时回。饭后,午睡了一会。二时许,到四合里办公。望道[陈望道]来谈。四时,到中法剧校上课。五时,到 Cathay 看 Service de Luxe[美国电影《豪华服务》]。看笑片很少可发笑的,这一笑片确使我笑了。七时许,冒雨而回。九时,睡。

2月11日（星期六）

七时许起。仍阴雨。雨丝绵绵,大有暮春之概。闷人殊甚！九时许到校,十时偕予同、耀翔赴四合里。十二时回。午后,在家理书。千头万绪,很难一时理整。三时理发,沐浴。浴后,仍理书。六时三刻,到萧[萧宗俊]宅晚餐。到张[张宗麟]、严、孙诸位,十时半回。

2月12日（星期日）

七时起。仍阴雨不止。陈来。偕宝买鞋。严来。回家理书。二时许,偕宝到 Metropol 看 *Little Tough Guys in Society*[美国电影],相当的可发松。在新雅吃茶,遇到洵美[邵洵美]等。到永安购物。五时回。六时到春江晚餐,王、严、冯等同席。九时半回,写文二页,即睡。

2月13日（星期一）

七时半起床。仍阴雨。九时许,到校上课。十二时到觉林[觉林蔬食处]午餐,姚、吴、陈等在座。二时,赴校办公。予同、长傅[李长傅]等来谈。四时半,到惠中找戚叔含,谈了许久才冒雨而回。偕宝出去买杂物。天已黑了下来,本来有餐约,只好爽约不去。喝了些酒,和衣倒在床上睡着了。

2月14日（星期二）

六时半起。仍阴雨不止。九时,到校办公。丁廷标来谈。陈来。丁为1927年在伦敦相识之人。十二时回。午睡了一会,偕篴到 Grand 看 *Always in Trouble*[美国电影]。五时半,写文两页。七时到青年会晚餐,胡、杜、陈、傅等同在。九时回,写文四页。十一时睡。(下午,晴。)

2月15日（星期三）

七时起。晴,很冷。写文三页。九时,到校授课。晤文祺[吴文祺]、世禄[张世禄]

诸人。十二时,到凯司令午餐,菜甚丰富,同席者有何、程、杜等。至三时始散。到四合里办公。四时许,坐人力车回。太阳清亮地照着,很有清新之感。七时,请客,周、吴、傅等在座。十时散。(下午,写文三页。)

2月16日(星期四)

七时半起。晴。九时,到校办公。改选甚忙,并开贷金会。十二时半,到新新午餐,晤孙、张、王等。下午,写《文话》[《民族文话》]三页。(《论文坛著》已于今日写毕,共20页。)偕宝同到新市场购食物,步行而归。夜,喝了些酒。十时,睡。心里不怎么痛快!

2月17日(星期五)

七时起。阴。九时许,到校授课,并办理改选事。十二时,回。午饭后,睡了一会。下午二时,到四合里,办了好几件事。四时,到中法[中法剧艺学校]授课。五时,到东华家。闲谈至六时,偕往大同酒家晚餐。周请客,在座者十余人,皆熟悉者。夜在傅宅玩至十一时许回。

2月18日(星期六)

七时半起。晴。九时许,到校办公。改选事,今日截至。十二时,到青年会午餐,孔[孔另境]、严[严景耀]、王[王任叔]、金[金性尧]等在座。托孔交稿两册给世界[世界书局]。二时,步行至大光明看 *Dawn Patsd*[美国电影《黎明侦察》]。五时回。即偕箴、宝同到 Nanking 看 *Swiss Miss*[美国电影《瑞士小姐》],很可发笑。而短片之 *New Audio Scapiks* 戴着红绿眼镜看,尤有趣。八时回,吃"年夜饭",喝了不少酒,即睡。

2月19日(星期日)

七时半起。阴雨。今天是阴历的初一日。孩子们在拜年。街上静悄悄的,全市都闭户休息着,鞭炮声极少。偕宝购外报两份回。全日在整理书籍。下午五时到 Cathay 看 *Zaza*[美国电影《莎莎艳史》],Colbert[演员考尔白]的表情甚好,而情节则太平庸。夜,喝了些酒,即睡。

2 月 20 日（星期一）

七时许起。阴雨。九时许,到校授课。汽车中途损坏,只好步行而去。十一时半,到高宅,箴等已先在。饭后,偕贝回,他在人力车上睡着了。二时,到校办公,与纪堂等闲谈甚久。四时回。陈宅的许多人来拜年。六时,到航运部晚餐,遇李、陆、许诸人。十时半回,即睡。

2 月 21 日（星期二）

七时起。露出太阳光,大有晴意。九时许,到校办公。十二时回。下午二时许,到 Metropol 看 Thank for Everything［美国电影］,尚滑稽可观。以 Mr. Average Man［普通人］为测验之标准,很可看重,实是真理。五时回,喝了一些酒。八时许即睡。

2 月 22 日（星期三）

七时起。晴。方来,陈来。九时许,到校上课。十一时,到四合里,拟对于中文系课程意见。中午,偕翁［翁率平］、杜在锦江茶室便饭,用三元余。一时,到校。二时许,写毕"意见"。四时,到凯司令喝茶,何、程等均在。六时回。写数函,托程带渝。九时许,睡。

2 月 23 日（星期四）

六时半起。阴雨。九时,陈来。赴校办公。程事,今日起由我代理。十二时,偕陈至中法午餐,在座者有陈、吴、张等。谈至四时许始散。偕咏骐［胡咏骐］回。甚倦,睡了一会。偕宝赴静安寺一带闲游一周。喝了些酒,八时许,即睡。

2 月 24 日（星期五）

六时半起。阴。九时,赴校授课。与杜闲谈,说起程事,大吃一惊。过去之种种,如今回想起来,竟是一幕骗局。甚矣哉,青年人之不可轻易信任也！一有小小诱惑,即丧神失态如此！我辈实失于相人矣！十二时回。大有春意。二时,到校办公。送稿四册至陆处,一册至张处。中法放假。五时,至 Grand 看 *If I Were King*〔美国电影《我若为王》〕。

2月25日（星期六）

七时起。九时赴校办公。与予同谈了很久。阴雨。十二时回。饭后,倦甚,睡到三时方醒。收拾房间。六时许,王、张、严、陈等来。在家请客晚餐也。酒喝得不少,谈到十时才散。预备写文一篇,但始终写不出。

2月26日（星期日）

七时起。阴雨。八时三刻,到华联同乐会。十二时一刻回。饭后,午睡了一会。四时,到新华园吴宅喝茶,钱、陈、张等均在座。约八时许才散。岳母等在此晚餐。喝了不少酒,先在椅子上熟睡了。到十二时许才醒,脱衣入睡。

2月27日（星期一）

七时起。阴雨。张来谈。九时到校办公。十二时回。太阳光很好地照耀着,久雨初晴,显得格外的清新。偕贝出去走了一会。一时半,赴校办公,清理书目。四时回。五时,到大光明看 *Heart of the North*〔美国电影《北方之心》〕,彩色尚鲜明。八时回,喝了些酒。

2月28日（星期二）

七时起。罗来谈。九时,到校办公。十二时,回。一时半,到校办公。取一月份余薪 100.70 元;到 Cathay 看 *Boy Meets Girl*〔美国电影《男孩遇见女孩》〕。四时三刻,到锦江茶室喝茶。晤陈、钱,谈到六时。回家时王、傅、李等已先在。因巴金来,找几个人和他谈谈,喝了不少酒。十时许,散去。

郑逸梅日记（1954 年 7 月）

郑有慧 提供　祝淳翔 整理

7月1日晴　下午又雨　燠

　　上下午各一课，下午课，新同事来听讲，又批阅作文考卷。

　　啖杨梅。

　　碧波介绍之陈家齐旁晚来量水管，须十八尺，约于星期日上午再来，同予去购。

　　灯下备课。

7月2日　上午阴　午后雨　燠

　　上午高二凡三课，复习课本及语法。

　　午饭后洗澡。

　　下午批阅作文考试卷全部阅竣，又讨论总路线第五单元，六时始返家。

　　阅《欣慰的纪念》。

　　教导处以高中教材分析委予总结，予收集诸同事意见，汇写数则，以便明日开会汇报。

　　倚枕阅《无边风月传》。

7月3日　闷热　旁晚雷雨

　　上午高二乙组复习一小时，又结算积分。

　　下午参加教材分析座谈会。

　　访青山农[①]，观其所藏一部分扇。

　　访张聊止，出示文史馆游园会照片，凡数十人。彼近整理其曩年在《益世报》上发表之《俗语考古录》，计一百数十篇，拟付印，奈无书局为之刊行。并知陈季鸣近来减薪，而

[①] 即黄葆戉别署。

又亏空一千余万,甚为闷损。

开始用扇。

代寿梅致书苏州浦君扬夫人,托煎虾子酱油十瓶,又代寿梅覆内侄周允中书。

致巢章甫片,谢彼赠扇。

赵芝岩代予借得一百廿回之《水浒全传》,子鹤先阅。

灯下阅《新闻史上之新时代》。

7月4日 晴 大热

今日星期。

陈家齐来,谓旧水管无处购置,新水管更不易得。

夏石庵来,以回忆录见还,赠予白玉印盒一,雕荔枝纹颇精雅。石庵见知黄云僧最近故世。石庵谓水管可代一询,或有办法。

洗澡。

饭后访邓秋马,赠予刘梅孙画菊小幅,不见佳。

访钱芥尘,知一昨为徐朗西七十诞辰,诸同文公祝。姚鹓雏之死,乃六月廿五日,遂即安葬松江。

访顾佛影,面左颊经开割后微歪,服土方不完全有效,最近又蔓生,兹已割去。彼撰《清史演义》已成五回,以第一回示予,阅之甚有趣味。本拟同访高莳叟,因恐陆澹安来访未果。

以热故开始用席。

高肖鸿旁晚来予家,与子鹤在晒台上纳凉。

阅初三毕业考试卷。

7月5日 阴 夜雨 热

上下午高二复习两课,又结算分数。

洗澡。

与同事闲谈。

夏石庵来信,云旧铅管价较新铅管贵,每尺约一万六七千元,不日可来接洽。

7月6日　忽晴忽雨　热

上午高二温课两小时,又结算积分。

下午与同事闲谈。

洗澡。

君扬夫人来信,允代熬虾子酱油,惟瓶须购买,每瓶二千元。

近来寿梅又间日去打针。

赵芝岩来闲谈,《水浒》全书子鹤已阅毕,即以还之。

阅《中国通史简编》。

7月7日　晴　旁晚雨即止　热

上午填初三语文本学期分数总表。

午浴。

下午见习教师试教《骡子的故事》,全体语文教师出席,凡两小时讲毕,又展开批评。

晚饭后寿梅又辱骂不已,予愤而外出。访应荪舲未值,乃访倪文宙,彼近喜研究文字学,颇有心得。又访孙宗复,蒙赠毛笔一枝,又扇两把。一为徐绶臣绘《陶渊明归田园图》,谭泽闿书;一为金面研耕逸史绘《玉楼人醉杏花天》,张诚真书。惜已碎裂。归家已十时。

致书夏石庵。

致书芮鸿初,告彼初中招考乃本月廿二日。

高肖鸿来予家。

领半个月薪,六十六万元。

7月8日　晨雨后晴　凉

上午监试一场。

下午赴平安戏院,《斯大林格勒战役》上下集电影连映三小时,战争场面甚激烈,为之惊心动魄。

购《中国文学史略稿》卷一、卷二两册,计九千九百元。

途晤张聊止。

7月9日　晴　旁晚大雨　热

上午外出,途晤方冲之,予约之一同访戴果园,盖冲之与果园本相识也。不意果园已外出未值,乃同访黄蔼农叟,冲之谓彼家乃五代书香,叟出示一印,则叟家"二十一代书香"六字,作朱文,甚佳。既而应苏舲来,谈及高鱼占则已由静安别墅迁至福田邨,日前在家倾跌受伤。

冲之赴校,予乃访李伯琦丈,询李莼季君,知仍住原处,但局处楼下一角耳。

午饭后,石庵介绍之陈君来,接洽装水管事,需五十余万元,先付三十万元。

洗澡。

覆邓秋马书,附赠路金坡、戴果园二札。

赴校,又补充总路线学习,大雨倾盆及毕已六时,适雨稍止即归。(学习,余任纪录)

付电灯费。

又代寿梅覆浦君扬夫人信,即邮汇十五万元,托熬虾子酱油。

赵芝岩来,伊子濂拟考大学,闻晋元初三毕业班听宪法草案演讲,托予向晋元当局接洽,参加旁听。

倚枕阅《石屋余渖》。

7月10日　雨　热

见教育局通告,下学期八月三十日开学,九月一日上课,则今年暑假较短也。

芮鸿初来信,明晨来访。

寿梅又无端诟詈,予不之睬。

上午监试一场。

金雪叟邮赠律诗一首,祝予六十初度。

饭后出访吴眉孙丈,生计艰困,精神大不佳,时大雨倾盆,乃坐谈甚久。且读其手录十年来之诗一百七十阕,盖参加文史馆之观摩也。知吕贞白近赴北京,谈及文史馆有翰林曹元鼎不通文墨,洵属怪事。

访高吹老,吹老由钱化佛告彼,知予六十生日,乃赠予萧娴、江道樊、胡沸平、邓梦湘四女史所书短屏,既而谈及姚鹓雏之死,年只六十有三。

赴新雅酒楼晋元语文组之聚餐,凡十四人,徐碧波亦来参加,携吟秋、小青、冷月、闲鸥合作之梅兰竹菊扇,一面且有李浩然之书法,遗失于途,甚为可惜。聚餐毕本拟观杂技表演,以天雨作罢。

赵濂事代询教导处,可以旁听,但赵濂未来。

临睡阅陆放翁诗。

7月11日　阴雨　较凉

今日星期。

晨芮鸿初来访,赠予图章一,又纺绸若干尺,作为寿礼。

购毛边纸粘存尺牍。

饭后访胡亚光,赠彼巢章甫书幅,彼见告唐云、吴若思等画家,均往他埠体验生活。

访胡思屯,知其叔敬修现任上海中教处处长。

访戴果园,蒙赠廖味容、吴斯美、瞿兑之、程仰坡诗札。

访华吟水,见饷馒首,彼新购《扪烛脞存》一书,凡四册。晚清鄞人某所著,有一则谓,"屈原沉江非五月五日,乃五月十五日"。吟水曾至蜀中,谓蜀中竞渡,端阳举行,五月十五日又复为之,称是日为大端阳。不毋有因也。予向吟水借《梵天庐丛录》,乃越中柴萼小梵著,共三十七卷,五十六万言,洵巨构也。小梵写作甚早,清季包天笑之《小说时报》所刊之《红冰馆笔记》,即小梵所著也。

灯下阅《梵天庐丛录》,有记曾国藩轶事云:"公在籍办团练时,一日,往访其友欧阳某,某询其团练事如何,公曰:衙门冰冷的。某曰:非杀无以立威。公颔之。及出门,经又一村,值卖桃者与买者哄,停舆讯之,则买者已与值,而卖者云否。公讯得实,大怒,则斩卖者。于是全城大哗,竞传钦差杀人矣。又公练勇时,凡贪官猾吏、劣绅土棍,得之辄杀,不以烦巡抚,故有'曾屠胡子'之号。"观此,可知曾之好杀,确是事实矣。

7月12日　雨　甚凉

上午监试一场。

访金雪塍丈闲谈。

陆丹林来书,云治目不拟开刀,星期二之茗叙改在新雅二楼,约予参加,陈匪石、向仲坚、陈蒙安、汪旭初均到也。予即覆之。(仲坚近鬻书鬻画,由荣宝斋取件)

饭后访钱化佛,并识老伶工张桂芬。化佛之子海光已赴朝鲜参加建设工作。谈及香港旱灾,自来水每日只放一小时,居民每晨漱口,辄以啤酒代水。

访喻雪蕉,彼适从故乡会稽来,有诗十余首,甚清新。《西郊闲步》有云,"任渠物态穷千变,天籁何曾异古今",的是佳句。既而谈及申石伽,知已不住友声旅行社矣。

访费行简老人,病卧于床,曾延庞京周医治,初有热度,今则热度已退。

灯下阅《梵天庐丛录》。

夜凉覆被。

7月13日　阴　凉

上午语文考试,即批阅考卷一班。

购牙刷一枚。

饭后访边政平,既而叶浦孙丈来,相与盘谈。丈今年七十有九,体尚健而耳微聋。谈及西湖纷纷迁墓,赵㧑叔墓亦拟迁去,幸文史馆提出异议,始已。苏曼殊墓有迁至山上之说。又谈及陈涵度,均以不得音讯为念。政平出示明方氏古墨,程君房制匦,及段玉裁所用折扇,文徵明手札,更以糯米甜饭见饷,旁晚始辞归。

生活书店主人来询晋元招考事,因伊子尧年拟投考也。

灯下阅考卷。

临睡阅《梵天庐丛录》。

7月14日　阴　较凉

清晨赴大光明戏院听杭苇宪法草案启发报告,返家已午后一时。晤许窥豹、钱国屏。

批阅高二大考卷,并结算总分。

阅《梵天庐丛录》。

7月15日　晴　较热

上午赴校讨论宪法草案,以语文组人多,分为二组,予组由方冲之任组长。

购宪法草案参考资料,计一千五百元。

致夏石庵书。

下午在家阅《梵天庐丛录》。

洗澡。

赵芝岩来访。

陆丹林来书,附赠曾履川札一,约下周二下午三时锦江饭店十一楼茗叙,知唐云、瘦铁、青霞均往皖写生。

晚高肖鸿来予家。

阅《梵天庐丛录》,载有不知伊谁《题玉珠女史新浴图》二诗,不亵不滞殊可诵。如云:"兰汤新煮午眠残,香汗盈盈拭未干。带笑解将神女碾,含情扶上水晶盘。红鲜刚剩莲双瓣,白腻还凝雪一团。催掩银屏知有意,怕郎轻薄暗中看。""嫣然宜笑又宜嗔,小曳罗衫妙等身。薄雾暗遮巫峡路,嫩云深锁武陵春。新承恩宠唐宫女,淡染铅华洛水神。拈取妙莲花一朵,从知清洁迥超尘。"

7月16日　雨　较凉

上午在家阅《梵天庐丛录》,作者柴小梵曾见吕留良画像,予貌绝肖之,犹忆囊时人谓予貌似陈公博,公博死于非命,则予貌亦殊不祥也。又周茂兰血书,予两次获见,惜未录其文,叹《丛录》中却采录之,如云:"原任吏部文选司员外郎、今赠太常寺卿周顺昌男、生员周茂兰谨奏:为孤忠已被恩褒,沉冤尚未剖晰,特搏颡号天,恳报父仇,以彰国法事。臣父忤珰惨死,皆由倪文焕谋之于内,毛一鹭因而谋之于外。杀人抵死,律有明条。而文焕鼎湖劝进,一鹭亦尝建祠媚珰,尤祖法所不赦。伏乞敕下部院,将提到倪文焕即刻处决,已故毛一鹭还行褫戮,庶父冤得雪,国法亦伸,谨奏。血性丈夫隐容书。"

午后雨止,赴校学习宪法草案,五时半毕。

购《历史教学》七月号一册,二千八百元。

灯下阅《清代野史大观》。

7月17日　阴　较热

上午赴校讨论宪法草案,又举行时事测验,予不记忆所答,仅及半数,十二时毕。

洗澡。

芮鸿初来信,约十九日上午来访,予即复之,盖十九日上午校中开教职员会议也。

寿梅又出言不逊,予不之睬。

访邓秋马,赠彼瞿兑之札一通,彼出示新得之黎二樵诗八页,代价三万元,甚廉。秋马并上款而亦考出之,盖《岭南画征录》可查也。

访钱芥尘,座有二客在,作拉杂谈。知黄萍孙已被逮捕,被捕前贫不能生,曾以鲁迅并胡也频札各一,托芥老出让,芥老为之介绍鲁迅纪念馆,二札得五十万元。既而谈及毛主席气度之宏,谓张东荪、梁漱溟,毛均宽容之。章行严国庆日作昙花诗,亦不之较。后又谈及蔡钧徒,始知蔡亦共产党员,今已为烈士。又谈及余大雄之死,大雄居东亚旅馆,侍役每日送报入室,杀之者乘送报机会而以洋斧劈之,遂殒命。大雄主持《晶报》,予亦识之。

途遇润弟,近患腰疼,甚苦闷。

见大学招考,语文题甚浅易,如诠释词汇,横七竖八又堆积如山,恐小学生亦能答之矣。

晚饭后访华吟水,即以《梵天庐丛录》还之。

观杂技表演,又以天雨延期,废然而返。

寿梅又与子鹤争噪。

倚枕阅《小说新报》以纳闷。

7月18日　雨　下午止　较热

昨晚雷雨交加,今日晨起积潦盈衢,由予市肴。

赵企文偕其弟来,在予家午饭,其弟肄业徐汇中学二年级,企文则由小学任课递升中学任课,但尚未委派定夺。

夏石庵来信,云陈复兴水电行承装水管,正在搜集用材,约四五天内可来装置。石庵园中凤仙甚盛,稍缓当往一观。

张某(已失忆其名)来访。

翻阅杂书。

代寿梅覆浦君扬夫人书。

晚间高介子来,作将伯之呼,予囊涩,倾所有二万数千金与之。彼留赠邵章一联、陈陶遗一扇,予却之不可,姑留之。

7月19日　阴　较凉

晨起甚早,补秦谦斋《名人生日表》。

赴校听校长招考工作报告。

向校方互助组假十万元。

付自来水费。

时事测验,予只五十分,不及格。

饭后正拟作书致芮鸿初,而鸿初来,遂面谈招考情况。

戴果园转来梅鹤孙诗词笺各一,写作均佳,殊堪赏玩。亟粘存于册。

昼睡,醒,天又大雨。

阅《平等阁诗话》。

7月20日　晴　热

晨起较迟。

阅《古今》杂志。

肖鸿来予家午饭。

饭后访戴果园,赠彼郑叔进、陈霞章、曹秉章、曹昌麟四札,彼持一扇,严益堂真书、王吉儒没骨红梅,均隽妙。益堂,孟繁哲嗣;吉儒,孟繁之媳妇也。

途遇钱化佛。

赴锦江饭店，登十二楼晤吴眉孙、陈匪石、汪旭初、向仲坚、张秉三诸前辈，又陈蒙安、鲍亚白、陆丹林，相与茗叙，并进点心，每人五千元。又晤邻座周鍊霞女史，益丰腴妩媚，谓予较瘦，予却不自觉也。

访李莼季，局处客堂一角，殊不舒适，海上觅屋不易，无如何也。

洗澡。

芮鸿初来信。

蒋龙年来访。

新仙林观杂技表演，两次延期，乃退票，不拟往观。

赵芝岩来访谈。

报载北京图书馆搜罗当代名人手稿，如鲁迅、茅盾、达夫，以及朱自清等原稿，又詹天佑手写日记，尤为可珍。

倚枕阅《双鬟记》。

7月21日　上午雨　午后晴　热

初三毕业生尤道云来访谈。

洗澡。

编订胡石予师年谱，殊疏略，拟就叔异②一询查之。

夏石庵来电话，询水管装置与否。

阅《瓶粟斋诗话》，谓孙玉声先生颀躯修髯。予固识玉声先生者，不蓄髭，修髯云云，非事实也。

晚郑伟民来谈。

7月22日　雨　热

阅《一士类稿》。

赴校晤钱家声同事，知彼调至工农速成中学，并见告胡叔异调往江湾师范专修科任教。

---

② 胡石予之子。

曩日章甫录写《无隅偶语》一册见寄,顷见大方数联为《偶语》之遗珠,亟补录之。
录《梅庵散记》。
巢章父邮来扇面一,盖试吴天章墨所书者。又一扇拓香树斋犀角印,并加题识,托转贻钱芥尘。又影印宋本相台岳珂(肃之)《棠湖诗稿》,则其先太外舅三十年前所影印,只一百册,流传绝少。其先太外舅,固芥尘之先德,因亦托转贻芥尘。
黄浦水涨,外滩公园被没。

7月23日　晨雨　及午晴　热

今日校中新生报名。
印度支那和平问题圆满解决,今日各报出版较迟。
领半个月薪金。
装自来水管,计七十六万六千元,经济又复奇窘矣。
洗澡。
理发。
晤碧波,知诚安哲嗣德骏以旧时工作岗位有问题,已取消见习教师资格。
录《梅庵散记》。

7月24日　晨雨　午后又大雨　热

致巢章父书,附所录方地山联。
腰疼。
赴校,投考人数不多即返。
今日为邹韬奋逝世十周年纪念。
饭后访秋马,贻彼钱香树犀角印拓本,彼出示其所购吴攘之所刻"蕉庵画记"朱文印,石质亦佳,且有楠木匣,只二万五千元。又出示《尺素遗芬》四册,黑地白文,盖摹刻于石,然后拓印者,均德舆上款,海山仙馆之刊物。秋马谓,彼曾至海山仙馆,其时虽已颓败,但尚有余屋一,莲池极大,又有植荔枝处,闻当盛时,凡客来游者,辄饷以鲜荔枝,莫不朵颐大快。正展玩间,天忽大雨,俟雨霁始行。

访钱芥尘,以章甫托转之书扇交之。知文史馆馆员分组讨论宪法草案,芥尘乃小组长,每星期讨论二次,均在上午。既而谈及寒云日记,知日记之精致工整者,凡四册,余则为行草书。此四册由张学良择优得二册,芥尘得二册。某岁奇窘,芥尘以五百金出让于嘉兴刘君,刘斥三百金影印五百部,内容远不及张所得者之佳。今不知张之二册流落何处矣。

生活书店沈君来访。

晚胡思屯来访。

录《梅庵散记》。

以《水浒传》借郑伟民。

阅《上海研究资料》。

7月25日　晴　甚热

上午赴校开会,下午监考语文、政治二场。以新生多,本校试场不敷用,乃借用长寿路第二小学,校舍湫隘,闷热不堪,直至五时始返家。

洗澡。

同事江问雨调往工农速成中学授课。

同事谈及一昨报名至十二时截至,下午不再报,不怪下午忽有一学生坚欲报名,谓乃翁上午病逝,致不克分身,务希破例见愿。负责同事允之,询其父病逝在何处,回某医院,同事拟电询某医院,该学生乃曰:"可不必,予父病逝非事实,甚歉歉。"言讫返身走。亦趣闻也。

闻人谈老伶工盖叫天筑一生圹于杭之西湖,邻有俞曲园、陈筱石二墓,本欲平之,以盖之生圹故,竟得保留。抑何其幸耶?

晚,蒋龙年来访谈。

录《梅庵散记》。

夜半又雨。

7月26日　晴　下午又雨　甚热

今日赴校,阅招考新生语文卷直至旁晚。

六时始归,然卷未阅尽也。

边政平来访,未值。

程慎叔来访,与之同啖西瓜。

洗澡。

晚间与子鹤闲话。

临睡阅《诗境浅说》。

向校方借三十万元。

7月27日　晴　热

上下午均在校批阅考卷。

曩时学生孙以铃来访,彼在北京外交部任事,早已娶妻有子矣。

洗澡。

啖绿豆汤及西瓜。

校中与予联系下学期予任语文组副组长,予固辞不获,只能勉为其难。

同事经恭伯又须调往他校。

同事周屏侯赴杭州休养,又每组一人往市立第三女中休养,均由工会主持。定八月一日出发,数天即还,但费需自备。语文组由方冲之去。

近来寿梅每天外出打针。

晚间边政平来访,彼拟任中学语文,已在接洽中。予询其诗兴如何,彼即录示其最近《题海天楼读书图》一律:"日向海天楼上陈,读书难得此闲身。封完便是齐梁体,削简还疑汉晋人。曾是寂寥饕餮暗,更无消息麝煤新。岱南阁闭寻雠校,欲向图中一问津。"

周屏侯为谈二事,颇趣。无锡王禹卿,面粉大王也,其子启周以巨金谋得本地县长缺,到任之前一夕,亲朋设宴祝贺之,不料是晚即患唇疔,翌晨即死。又无锡缪斌荣膺江苏民政厅长,某舰行下水礼,请缪夫人掷瓶,缪夫人御高跟鞋,立未稳,几仆,讵意怀孕损胎而病,病即死。

购《语文学习》七月号一册,二千元。

芮鸿初来书探询消息。

7月28日 晴 旁晚雨 热

胯间癣又奇痒,以前年用剩之药水搽之。

阅《古今茶事》。

录《梅庵散记》。

洗澡。

下午赴校,知胡思屯之子则栋已考取本校。生活主人之子沈尧年未取,又芮鸿初之子中淦只知姓名不知号数,不易检查。

子鹤归,谓厂方拟派彼赴北京开会,为期约半个月,行期下月初。

电话通知胡思屯。

啖西瓜。

探韩非木病,仍患喘,不能见客。

倚枕阅唐诗。

7月29日 阴 旁晚微雨 较凉

芮鸿初子中淦未录取,即函告之。

补先师胡石予先生年谱,重录一过。

学生吴慎义来访。

蒋龙年来访谈。

饭后赴校开会,予任高二第二班、高二第三班共两班,征求意见。予不愿任第三班课,明日下午四时由教导处考虑,加以决定。

晚饭后赵芝岩来访谈。

为寿梅刮痧。

夜半大雨倾盆。

7月30日 雨 凉

阅《云片》及《茶烟歇》。

高二学生吴金林、郑定英、陈淦英、吴慎义、杨麟等来访,并观文物。

庄通百来片,约星期日上午红榴村茗叙。

下午访戴果园闲谈,知李仲乾乃毛主席之师,而仲乾从未自述,厥品之高有如此!又知唐文治已瘗葬江湾公墓,孙沧叟之墓亦在该处。

赴校开小组长会议,决定所任课,予不愿教第三班,乃改为教高二高一各一班,两种教材只能任之(其他语文课,每人只一教材)。

啖西瓜。

晚高肖鸿来。

子鹤定一日晚十一时乘车赴北京。

去岁予失去之唐子畏山水画一帧,乃寿梅匿去,今日发现,然犹不肯见还。

先师胡石予年谱录一份邮寄叔异,请彼补充纠误。

韩大匡自北京来,作夜话。

7月31日　晴　较凉

寿梅亟欲为子鹤完婚,而添置器物,修葺屋宇,在在需钱,一再促予设法,甚感苦闷。试作一书致华吟水,商借一二百万元,未知有此余力否。

去年高三毕业生、现肆业浙江大学者,同来访谈。

录《梅庵散记》。

初尝桃子。

洗澡。

阅《瓶粟斋诗话》。

啖西瓜。

高肖鸿来,馈送子鹤食品。

致书陈家齐。

夜凉覆被。

徐悲鸿、蒋碧微在柏林致戈公振信函一通

孙 戈 整理

（通信处在反面）
赫恩·朱·佩恩
库尔弗斯坦218
柏林　夏洛滕堡

公振先生赐鉴：

　　鸿在此已九月不得学费，困顿万状。拟将笔记之《悲鸿忆胜》抄寄贵报披露，求借微资，多少不论（以金镑汇寄）。此记本俟归后检点成书，然后出版（必请有正书局）。今虽未全，但不可为他处转登，恳先生善嘱排工勿有错误，为祷无量。

　　再者，同学在此无资者苦至不堪，多有暂停学业谋工人生活者，务请作文鼓吹，设法力谋救济（不过二十人左右），再好商之。楚青先生协同张季直先生出谋一救济解决方法，不日当有公函奉诸贵报也。致颂
文祺

悲鸿、碧微
七月二十日

注：此信是徐悲鸿、蒋碧微1921—1922年在德国期间书寄戈公振。

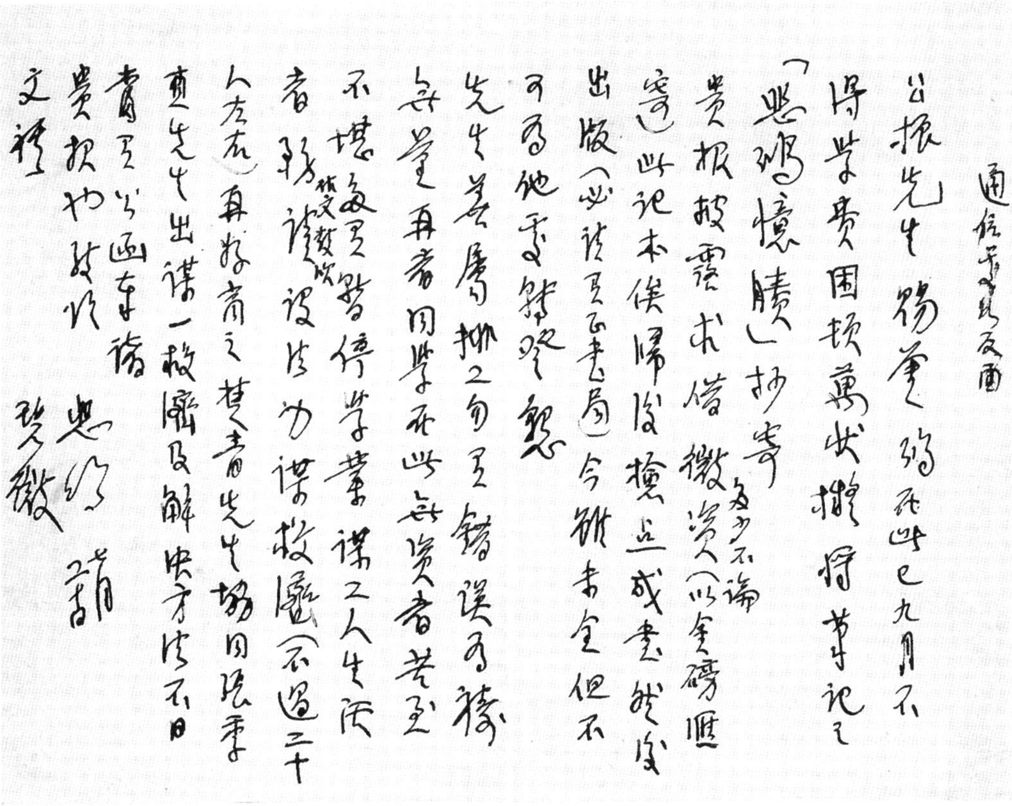

徐悲鸿、蒋碧薇致戈公振信函一通（七月二十日）

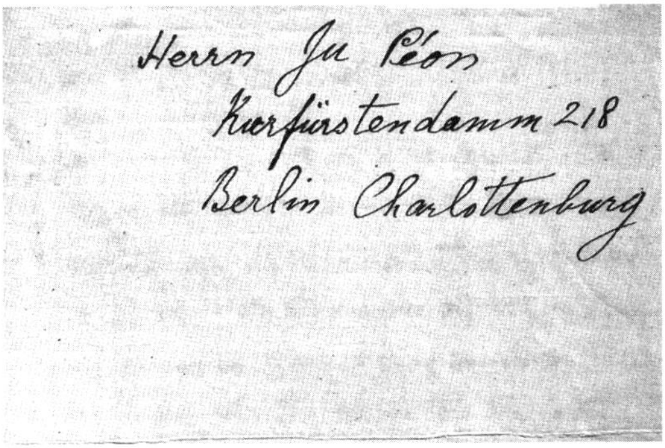

信函通信处（反面）

"梓翁"琐忆

王金声

一

时隔30多年,我仍记得初识梓翁老夫子的情景,至今历历在目。与他相识可谓巧极,那天我在南京西路新落成的上海美术馆一楼大厅里,偶遇乡前辈吕学端(上海文史研究馆馆员),他正与一位老者在画廊卖品部柜台前购买宣纸和徽墨,吕老介绍我们认识,说他是同济大学的教授陈从周,上午来此参加画展开幕式,典礼结束正要回杨浦的住所。"古建专家陈从周?""对。"我惊喜万分,随即提议两位老人一道去对面黄陂南路口的"海燕西餐社"共进午餐。老人大笑起来,拍拍我身上的皮夹克,上下打量一番说:"小青年工资勿大,浪头倒蛮大。"以不习惯西餐而婉拒了我的好意,仅留给我一张名片。

我护送他俩穿过马路,就在"翼风模型商店"门前的37路公交站候车。不一会儿,驶来一辆公交车,等车的人鱼贯而上,挤满了车厢,老夫子示意再等一辆,他踱步站前,双眼扫视两旁的建筑。那时的南京西路两侧尚存大片旧式里弄和临街商店,梧桐树干上随意拉着绳索晾晒着各色衣服和被子,梓翁耸耸肩,冒出一句:"底层人家晒不着太阳,万国旗飘扬不能怪老百姓,这倒是今后旧区改造中应当解决的首要问题。"随后一脸情绪地指着对面的新美术馆对吕老嘟哝:"侬看辫里煞风景哦?'风雷剧场'东首的杂技场大圆顶本来就像只坟墩头,西首还要造只美术馆,长方形屋顶横辣海像口棺材,茶色玻璃幕墙暗黜黜,不得体也莫名其妙。设计师号称要造只跟国际接轨的美术馆,竣工才几个号头,交关喇叭腔,前几天落大雨,里向还嘀嘀嗒嗒漏水……我看经不起辰光考验,当中的门牌号头死死死(风雷剧场位于南京西路444号),我不迷信,但风水也要讲的,风水不好,死路一条。等着瞧吧,这些房子迟早要拆脱,成为一个时代的笑柄。"这时,来了辆巨龙公交车靠上站，看看不太挤，我赶紧搀扶两位老人上了车。我伫立原地，有些怅然，此刻大脑仍沉浸在邂逅梓翁的喜悦中，回味梓翁刚才说的话，足够精彩，没有功利，爱憎分明，不仅仅是他对个别建筑的差评，也是他对城市建设与人文环境的审美所构成的文化自信，并竭其一生都在保护和修复历史建筑中弘扬这种自信。后来事实证明，那些建筑不到十年就被推倒重建。

二

再谒梓翁夫子则是在他家。先父受母校"苏南工专"校友会之托，恳请陈从周先生为筹划中的会刊征诗作画，方知梓翁1951年曾在沧浪亭畔的苏南工业专门学校（华东纺织工学院前身，今为东华大学）土木建筑专业兼任过副教授，课余时间踏遍姑苏各处园林，实地参与城内古建的勘查与维修，"午梦初回，我信步园林，以笔记本、照相机、尺纸自随，真可说：'兴移无洒扫，随意坐莓苔。'不仅用传统文人的方式作'园记'，而且引入了当代专业方法。"锱铢积累，数年后完成专著《苏州园林》，也为中国园林的系统研究开创了一种范式，至今还被他的学生运用于现代住宅设计当中。

那时我供职的单位恰好也在杨浦，先父知我认识梓翁，故叫我去送"征稿函"。炎炎夏日的一个周日下午，我如约前往，骑着自行车进入同济新村后，一连兜了几个圈子都没找到门牌。问了一位居民后总算在一排水杉荫翳的"邮字楼"找到了347号，惴惴不安地叩开底楼的铁栅门。梓翁的儿子陈丰招呼我进门，笑着问我："这里难寻吧？来的人十有八九找不到。"那是我见到陈丰仅有的一面，也是最后一面。不久他赴美留学，1987年11月29日传来噩耗，丰哥在洛杉矶一餐厅打工，被一墨西哥无赖所刺，赍志而殁，年仅41岁，怎不令人唏嘘！

梓翁穿着汗衫从朝北的画室走出，但见其双臂交叠在胸前，神情颇佳地站在眼前，丝毫没有名人的架子，我悬着的心才落地。他招呼我在小客厅里坐下，我赶忙请安，取出带来的香烟老酒呈上，他摇着蒲扇风趣地说："溽暑时节，赤诚相见！赤诚相见！两条'大前门'（香烟）可以留下，老酒侬要带回去。"我答："知道你是绍兴人，专门去买了一瓮绍兴花雕。""怎么知道的？""你的画里有方'我与阿Q同乡'的闲章。""哈哈哈哈!"爽朗的笑声在"梓室"回荡,他不乏幽默地说道:"绍兴酒专门卖给外地人吃的,自己吃掉拿啥赚钞票! 坐下! 坐下! 你的话里带浙江口音,哪里人儿?"我笑嘻嘻用绍兴话回答:"勿是噢,常州人。"他面露喜色:"噢! 是毗陵啊,那里有座'天宁寺',还有梵呗唱诵侬晓得哦?""梵呗真的勿晓得。""我考考侬,常州出过多少名人?"我脱口而出:"诗人有黄仲则、孙星衍、洪亮吉、谢玉岑……画家有恽南田、刘海粟、谢稚柳……还有一个陆小曼。""侬还晓得陆小曼?"其实我来陈家前预先做了功课,知道陈从周与小曼有姻亲戚谊的,他的夫人蒋定是徐志摩的表妹。只因童年时期他在自家花厅见过徐志摩的一个背影,便对徐充满了"无缘无故"的爱;志摩空难后,梓翁又萌生为其立传的心愿,先后用了十五六年的时间,自费私印了一本跟园林无关的著作《徐志摩年谱》。接着,我们聊的话题完全转向了志摩与小曼,包括"文革"中梓翁因辑《徐志摩年谱》为"反动诗人"树碑立传被扣上"资产阶级孝子贤孙"的帽子,遭受批斗,下放至皖南,以及竭力保存陆小曼的遗物等义举,聊了近两小时。总之,后来我对"摩曼"产生如此浓厚的兴趣,这情结与志摩这位表妹夫是分不开的。天色将晚,我准备离开,梓翁走进"梓室"取出一本《说园》赠我留念。

三

1988年元旦过后,我在《新民晚报》读到梓翁《紧抱孙儿望后头》一文后,肃然起敬。家庭遭此变故,梓翁却坦然面对,未被丧子之痛所击倒。尽管在他的字里行间倾诉着自己的无限哀思,但依然每周三天带着同济学生置身于豫园东部的工地上修缮豫园。虽说是个工程,但更像是梓翁安身立命的"精神寄托",他的胸襟和意志可见一斑。年中,我又一次拜谒"梓室",那时正值"苏工上海校友会"成立,梓翁荣膺名誉会长,我代先父送去上海校友会会刊《沧浪》的创刊号,他接过会刊,略略看了一遍,只问了句"沧浪"刊头两字为何人所题。我答道:"是苏州国画院院长张辛稼所书,也是苏工的校友,陈老能否也为会刊题个词?"不久,在《沧浪》第四期头版刊出了梓翁的题词:"沧浪水清,英才永誉。书题沧浪刊,己巳陈从周。"

最后一次见到梓翁则是1989年国庆后,自己正忙着张罗结婚,新房倒离梓翁住处不远,想起梓老有诗"老夫卖文羞卖画,丹青只把结缘看",就跑去求张画来挂挂。进门之后,我明显感觉梓翁已失去往日的健谈与活力,丧妻失子不啻是压垮自称"历次政治运动中的老运动员"的最后一根稻草,他在最后的岁月中试图以礼佛来慰藉心灵,寻求超脱。我无言以对,梓翁简要问了下我原先计划中的徐陆专题收藏,我说进展顺利,只是缺少徐志摩的照片。梓翁点点头,走进挂着叶圣陶篆书的"梓室"里翻找了一会儿,递我一个同济的大号信封和一叠画好的单片说:"志摩的照片残了,小曼留下的遗物,修下或许能用,画是现成的,你挑一张吧。"我一眼相中那张拳石兰竹,题跋更好:"兰言竹笑石点头。"这时梓翁脸上总算露出了欣慰的笑容:"眼火(眼力)不错。"我谢过梓翁,感觉手上沉甸甸的,不可名状,惟有欣喜!

美国纽约大都会艺术博物馆二楼的中式庭院"明轩"

陈从周与贝聿铭

环顾四周,西墙上挂着凌叔华题的"深院尘稀书韵雅"书法镜片,最夺人眼球的还是这张"明轩"的照片。1978年,借助"明轩",梓翁第一次把中国的园林文化输送到了海外,为纽约大都会艺术博物馆设计的仿明式庭院,曾在当地引起轰动,蜚声世界。他因此被美国人誉为"中国园林之父",并由此认识了建筑大师贝聿铭,引为知己。而梓翁独子陈丰恰恰是接受贝聿铭奖学金才赴美留学的,这或许是梓翁暮年难以解开的心结之一。我告别梓翁,他执意要送,我赶紧阻拦,梓翁摆摆手说道:"我出去吃(抽)根香烟。"

千禧年春节过后不久,我去成都出差,半月后归来,见书桌上压了一份《沧浪》第43期的会刊,头条刊发了"苏工上海校友会"名誉会长"陈从周师长在沪逝世"的消息,方知梓翁已于两周前(2000年3月15日)永诀,自己错过吊唁,木然中感到了铭心的痛楚,无法摆脱悲伤的萦绕,记忆中那个早春异乎寻常的冷。天意眷顾,幸运的我能遇到老夫子那样雍容宽厚、中正谦和的"大儒",或许命中早已安排这场相逢。承蒙梓翁不弃,以一种诚挚朴实的风范普惠后进,也让我学到他"乐观向上"的胸襟和"择一事、做一生"的意志。

四

梓翁的古诗词受业于夏承焘先生,谓其"陈君古今焉不学",他的"杂"也是人文真传;古园林建筑师承"南刘(敦桢)北朱(启钤)",他一生遍访名园,与园林结缘,从记园、护园、说园、造园开始,又将中国园林文化输出到世界。贝聿铭认定他对中国园林的理解"肌擘理分,博大精深,非凡人所能及"。在梓翁看来,"学问之道,息息相通",贯穿其学术生涯,一头是园林,另一头是诗词书画、昆曲、散文和历史,怪不得叶圣陶总结其园林之道是"熔哲、文、美术于一炉,臻此高境,钦悦无量"。梓翁在古典园林建筑艺术史上,达到人所共知的高度,可以毫不夸张地说,他是中国园林建筑的一代宗师。

梓翁早年研习绘画,山水、花鸟俱佳,后由李秋君之介拜张大千为师。1948年在沪举办个人画展,陈巨来七弟陈左高在《永安》月刊第118期"学斋谈荟"中曾撰文誉扬:"陈从周,从内江张大千游,并擅诗词。客冬,执教余暇,作画百余幅,假中国画苑,陈列山水花卉人物虫鸟,各臻妙趣,寓目一过,至今犹难忘怀。其中最精者,仕女一幅,用小山临江仙词句,写仕女头挽云髻,持一篓,坐青石上,不胜娇羞可怜之态……"梓翁书函致谢:"左高仁丈道鉴:阅《永安》辱承藻饰,奖掖良多,至感且愧也,容当精心写画一幅求教,以答寸心,尚恳稍待,何日在府?再行面谢。巨丈处乞代致拳拳,牙印二方未悉奏就否?便为一询。即颂撰安。晚陈从周启。"

我至今藏着梓翁当年亲赠陈左高的《徐志摩年谱》和工笔重彩的《折枝茶花》(《海

派(第6辑)》封面)以及相关信札,其画风虽未脱离乃师窠臼,但窥一斑而知其功力。梓翁垂年仍不废笔墨,多绘江南园林中所植幽兰、青竹、寒梅、瘦菊等小品,另辟蹊径配以芭蕉湖石等,风格独具而清逸多趣,或可视作文人画的最后绝唱。

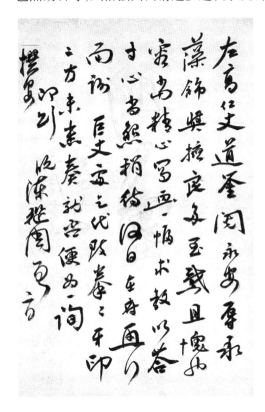

陈从周致陈左高信札

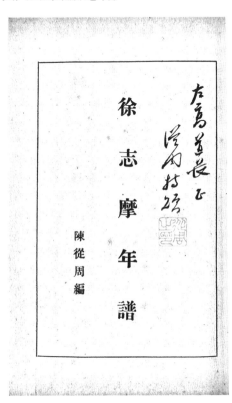

陈从周赠陈左高《徐志摩年谱》

谭其骧的京昆情缘

唐 寅

"好!"谭其骧还未立至九龙口,台下便齐齐来了一个碰头好。

这天是陆宗达的祖母八十大寿,正值民国二十三年(1934),陆家在家做堂会演戏。除了请来的梨园名家,陆宗达在国剧社的朋友们也纷纷前来捧场,更有粉墨登台者——谭其骧、朱家溍,二人同台演《长生殿·闻铃》——白居易《长恨歌》中"夜雨闻铃肠断声"的故事。陆宗达自己更是勾脸演关公,串了一出《单刀会·训子》。

朱家溍喜演武生,故串了一回唐明皇手下的大将陈元礼。唐代实有其人,名叫陈玄礼,洪昇于清代写《长生殿》传奇,避清圣祖的名讳,故而改作陈元礼。曲台清唱时常常去掉这个略显多余的角色,让唐明皇一人唱到底,但舞台演出时则必不可少。在唐明皇出场前,陈元礼先吊场并念定场诗:金戈铁马扬飞鸟,猛将齐驱下国都。管教乱贼归吾掌,方显男儿大丈夫。

谭其骧唱小生比较多,串了回唐明皇,其实这是他第一次也是最后一次登台。没有多少舞台经验的他被台下好友们的叫好声吓了一跳,心里一慌,差点把帽子掉下①。笔者自己也爱唱昆曲,深知曲友化妆登台之不易。谭其骧这次演出想来是"一朝被蛇咬,十年怕草绳",之后他再也不曾做这"费力不讨好"的事情。

有趣的是,朱家溍之女朱传荣在《父亲的声音》中回忆1934年这场演出时,提到母亲看中了演陈元礼的朱家溍,可想见朱公当日之奕奕神采②。谭先生在台上窘相毕现,朱先生倒收获了美满姻缘。

---

① 葛剑雄:《悠悠长水:谭其骧传》,广东人民出版社2014年版。
② 朱传荣:《父亲的声音》,中华书局2018年版,第341–343页。

一

　　谭其骧(1911—1992)在历史地理上的学术造诣毋庸赘述,笔者更想分享的是与他相伴一生的昆曲、京剧。谭先生早在20世纪30年代在北平工作、学习期间,就积极参加北平的昆曲曲社和曲友活动,如与傅惜华、朱家溍、陆宗达等人在国剧社学唱昆曲。1935年,由俞平伯发起在清华大学成立谷音社,谭其骧也是社员。谭先生也在30年代北平的戏院中观摩了大量京剧、昆曲演出,此后终老不辍。如果说顾颉刚的学问是"看戏得来"③,顾门弟子谭其骧也可算深得乃师衣钵了。

　　谭先生在其回忆30年代北平生活的《一草一木总关情》中这样写道：

　　　　再说听戏,即看戏。那时经常演出的须生有马连良、言菊朋、奚啸伯、谭富英等,常听；高庆奎在珠市口演,太远,只去过次把。余叔岩已不唱营业戏,只唱堂会,我看不到。旦角程砚秋、荀慧生、尚小云、筱翠花都常演,是什么时候看到梅兰芳的,记不得了。富连成和中华戏曲学校的戏也常看,那时是李盛藻、刘盛莲、叶盛章、叶盛兰、袁世海和王和霖、宋德珠、李世芳、毛世来、王金璐这些人经常演出的时候。最使我倾倒的是武生泰斗杨小楼,一出台那份气度,那份神情,一举手,一投足,念白唱腔铿锵有韵致,无不令人叫绝。杨小楼演出票价一元二,其他名角都是一元。当然还听昆曲班,最佳角色是韩世昌、侯益隆。侯益隆至少不比皮黄班的侯喜瑞差,而我又喜欢侯喜瑞有过于郝寿臣。任何名角能卖满座的日子很少,言菊朋和昆曲班一般不过五六成,很惨。所以戏票可以不用预先买,往往吃晚饭时看当天报上登的各戏园戏报,饭后赶去,尽管戏已开场,还是买得到票,看得到中轴以下几出好戏。我单身住在北平图书馆宿舍时,燕京同学进城看戏,常借宿在我屋里。结婚后住在城外时,有时夫妻一同进城听戏,在朋友家过夜。④

---

③ 毛泽东语,顾颉刚1958年6月20日日记:主席论及予,谓在卅余年前敢推翻禹,实是不易,并谓予之学问由看戏来,知《古史辨》自序为其所熟览。
④ 谭其骧:《谭其骧全集》,人民出版社2015年版。

谭先生的这段回忆不惟是他个人生命史的珍贵史料,也如实地反映了彼时北京艺坛的情况。余叔岩处于半退隐状态,声名与日俱增。四大名旦等如日中天。富连成、中华戏曲学校培养的新一代演员也冉冉升起。杨小楼更是许多人的心头好,朱家溍、吴小如等人都是"杨迷"。而言菊朋独特的言派唱腔尚未得到多数人的认可,昆曲班也同样惨淡。

那时北京的昆曲戏班只有来自河北高阳的昆班,以韩世昌、白云生等人为代表。而南方也只有"传字辈"数十人演出昆剧,实是昆曲阳九百六的衰世。张伯驹之后几年做堂会,自己演《空城计》的孔明,请丑角耆老郭春山开场演《浣纱记·回营打围》,郭对人曰:"何人还叫演此戏耶?"可见当时昆曲知音寥寥,老戏失传极多。张氏有诗曰:骂世敢嘲李合肥,方巾难演是耶非。赶三一死无苏丑,唯有春山唱打围。写尽当日大雅云亡的情状。与山穷水尽的舞台演出相比,那时北平的曲社活动却如火如荼,可谓"柳暗花明又一村"。

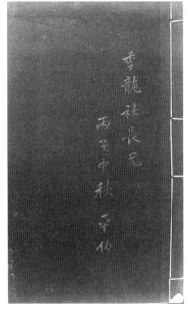

俞平伯1936年题赠谭其骧《古槐书屋词》扉页,复旦大学中国历史地理研究所谭其骧文库藏书。

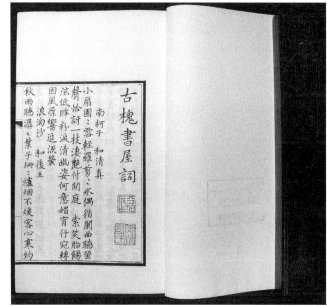

俞平伯赠谭其骧《古槐书屋词》卷首,复旦大学中国历史地理研究所谭其骧文库藏书。

昆曲历来有结社唱曲的传统，明清以来，江南、京津等昆曲兴盛的地方都有不少历史悠久的昆曲曲社。早在蔡元培担任北京大学校长时，昆曲教育就被提上了大学课程，至今北大仍余音不绝。吴梅等戏曲研究大家也推动了北京高校欣赏昆曲、研习昆曲的氛围，使谭其骧与陆宗达、朱家溍、向达、俞平伯等人能够因戏结缘，一生挚友。

好景不长，日寇侵略中国，打破了北平祥和欢欣的曲聚。俞平伯的《柬谷音社旧友绝句四首录三》其二云：

  鹤归城郭又如何？未必中年哀乐多。唱得牡丹亭一曲，寒花荒草总成窠。

俞平伯自注云：

  卢沟事变初起，我犹住清华园，谭季龙先生来访，曾唱《牡丹亭·拾画》，"寒花绕砌荒草成窠"即《拾画》折曲词。想象那时故居光景，当仿佛近之。⑤

谭其骧于 1940 年初离北平赴浙大就职，转移至贵州遵义，与西南联大诸友未能相晤。所以当汪曾祺写下《晚翠园曲会》时，与旧友分隔两地的谭先生是享受不到唱戏的快乐的。抗战胜利后，谭先生随浙大复员杭州，后又受复旦大学之聘至上海教书，才再续了与昆曲的缘分。值得注意的是，谭先生一直很怀念 30 年代的北京，那时的旧友知交是他一生的精神慰藉，因此在抗战胜利后他也一度希望能到北京任教，但始终未能实现。

二

1955—1957 年间，谭先生被借调到北京工作，重绘杨守敬《历代舆地沿革图》，实际上是为《中国历史地图集》做铺垫。其间他与友朋看了不少演出，并积极参加北京曲友们的昆曲活动。很幸运的是，谭先生留下了当时的日记使后人得以窥见当时的细节。葛剑雄曾将谭先生的日记筛选一部分后出版，题为《谭其骧日记》，由文汇出版社在 1998 年出版，后由广东人民出版社于 2013 年再版。这部日记包含了土改日记（1951.10.27—1952.2.5）⑥、京华日记（1955.2.11—1956.8.22，1956.10.12—1957.1.13）和

---

⑤ 俞平伯著、陈均编：《俞平伯说昆曲》，北京出版社 2019 年版，第 34–35 页。
⑥ 引文从略，俱以数字简洁表示年月日，下文同此例。

"文革"日记(1966.5.6—1972.12.31)三部分,剩下的日记由于种种原因尚未被公开。《京华日记》为我们了解当时北京的剧坛、曲社和谭先生本人的观剧偏好、艺术见解提供了宝贵资料。

谭先生于1955年2月12日夜11:50抵达北京,随后便开始了繁忙的学术工作,直至一个多月以后才步入剧场看京戏,他在京看的第一场京戏是奚啸伯的《宋江》(1955.3.29)。值得注意的是,四大须生之一的奚啸伯在谭先生眼中仅"平平而已",评价相当一般,而又过了近一个月看周信芳的《乌龙院》时(1955.4.24),谭先生觉得"周演此戏不合适"。周信芳的《坐楼杀惜》一剧(即《乌龙院》),当时曾摄制电影,为麒派代表剧目,至今传唱不衰,但谭先生却略带贬词,可见其眼光之高。谭先生居京近两年,但入剧场看京戏实在是不多,且大多评价不高,如看张君秋《彩楼记》时(1955.6.11)"掉点即归",因为下雨就早退,可见此戏并不是那么吸引人⑦。看马连良《十老安刘》后说"油滑依然"(1955.8.2),看赵燕侠《红娘》时(1956.5.9)说"有天才而胡闹",这几位都是五六十年代京剧界的知名演员,尚无法征服谭先生,对于小辈青年演员谭先生更是不吝苛责。看京剧一团《凤还巢》后说"无聊之至"(1956.7.26)⑧,或许得梅兰芳的《凤还巢》才能入其法眼。看李丹林《鸳鸯冢》说"太坏",并"十时即退"(1956.7.27)。谭先生在日记中明确给出好评的,只有杨宝森的《骂曹》《洪羊洞》双出(1955.4.27),谓之"相当过瘾"。但也有一点必须明确,谭先生的日记以简短记事为主,颇多流水账,没有留下评价的未必是"中等"之义,可能纯粹就是忘了写,因为谭先生工作相当繁忙,日记也不是悉心经营的文本,只是记录日常要事而已,不能求之过深。

谭先生在京只看过四次昆剧,值得一提的是《十五贯》(1956.4.12)。当时国风昆苏剧团进京演出《十五贯》大受好评,周恩来大加赞赏,说"一出戏救活了一个剧种"。谭

---

⑦ 日记中作《彩楼配》,误,当为《彩楼记》,叙宋代刘翠屏、吕蒙正故事,刘雪涛演吕蒙正。《彩楼配》为《红鬃烈马》中一折,叙王宝钏在彩楼上抛球招赘事,与《彩楼记》无干。
⑧ 1957年,张君秋领衔的北京京剧三团与马连良、谭富英、裘盛戎领衔的北京京剧团合并,此处所说的"京剧一团"大概就是"马谭裘"的京剧团。该团因主演之故,以老生、花脸戏为号召,旦角戏多由青年演员李世济、罗蕙兰主演。罗蕙兰1952年应邀入马连良剧团,1953年在沪拜梅兰芳为师。《凤还巢》为梅派本戏,谭先生认为"无聊之至"的这出《凤还巢》的主演,笔者认为大概率就是罗蕙兰。

先生看的就是这版整理改编过的《十五贯》,并说"甚佳"。

总而言之,谭先生在京期间看京剧、昆剧次数并不多,且很少单独看戏,多为友人请客或作陪之类,看戏俨然已成一种社交活动。而谭先生也经常与友朋一起看各种地方戏,且有时不吝赞美:

  1956.6.14 晚饭后有光请看湘剧《拜月记》于吉祥,渠夫妇外又有许四姐。<u>戏甚佳,女主角音色之美,恐举世无与伦比</u>。

谭先生对京昆好评寥寥,对地方戏却时有揄扬(当然,也有劣评),这种差异颇启人疑窦。笔者猜测,这大概还是与谭先生 30 年代看了太多好戏有关。30 年代的演出奠定了谭先生"京朝派"的审美,等到他 1955 年入京后观剧,当时的剧坛与昔日已不可同日而语,属于京剧最后的辉煌。谭先生此时想来亦有"曾经沧海难为水"之感慨吧。而在京看的地方戏,笔者认为大抵是因为新鲜感,民国时北京必然没有湘剧、赣剧、川剧等南方地方戏经常演出,而评剧、梆子等北方地方戏一直是有的,许多南方地方戏一直要到 1956 年提出"百花齐放,百家争鸣"之后,才有了在北京演出的记载。谭先生当时恰好躬逢其盛,在其日记中留下了宝贵的记录。

日记中曲社活动的频率大大超过看戏,谭先生到京后第一次唱曲是 1955 年 4 月 8 日访俞平伯:"值拍期,同唱。"此后他的日记频频出现"赴俞宅""至平伯处"等字句,单从字面意思来看,这三个字就是去俞平伯家的意思。但结合日记中"笛师请假"(1956.1.27)、"徐惠如自下月起参加戏改工作,拍曲暂停"(1956.6.22)、"今日徐惠如最后一次也,以后即不再作私人笛师矣"(1956.7.6)等记录来看,"赴俞宅"其实指的不光是到俞平伯家中,还有在俞平伯家中唱曲、拍曲的意思,而"赴俞宅"只是私人曲聚的简写而已。好比一个复旦教师在其日记中写"赴五角场"或"赴邯郸路",读者想必也能猜出这是去学校上班的意思。且俞平伯于 1955 年、1956 年有两度南行,但其间谭先生"照赴不误",可见曲聚并不因俞平伯本人缺席而中断。而谭先生往往一礼拜赴一次俞宅,且往往在周末,这正是曲友定期聚会的特点。但也必须指出,这类记录未必表明每次都有唱曲活动,或许也有可能某次去俞宅只是与俞平伯、许宝驯夫妇或其子女叙谈而已,因其文字简略,不可推论过当。但笔者敢断言,大部分"赴俞宅"的记录都是曲友活动之意。据笔者统计,谭先生在京期间共赴俞宅近 60 次,其私交之笃与曲社活动之频跃然纸上。

谭先生于1957年1月8日"夜失眠",当天他还为好友俞平伯祝寿,而俞平伯夫妇之后并不在12日的车站送行者之中,可见当晚谭先生即与挚友分别,或即失眠之故。

三

在京期间,谭先生亲身经历了北京昆曲研习社的一些大事件,比如笛师徐惠如不再为曲社私人服务、北京昆曲研习社的成立(虽然正式成立在谭先生返沪时)等等,但因为他1957年1月便离开北京,便没有赶上之后几年北京曲社密集的活动。不过我们也可以从日记中看出,后期谭先生提到"赴曲社"渐渐增多,盖其时曲社已有正式建置,故书"赴曲社"。此前的俞平伯宅,实际上也担任着曲社活动场所的任务,但恐怕每次活动没有曲社正式成立后人数多罢了。

1957年上海昆曲研习社社员通讯录,赵卫老师提供

曲社的成立伴随着笛师徐惠如的退出。1956年6月22日,谭其骧记:"徐惠如自下月起参加戏改工作,拍曲暂停。"讲的就是徐惠如参加文化局一事。而没过多久,7月6日:"今日徐惠如最后一次也,以后即不再作私人笛师矣。"徐惠如(1893—1959)本名金龙,字浩铮,江苏吴县人,在上海、北京和天津为曲友拍曲、司笛30余年。后经张伯驹推荐参加北京戏曲编导委员会工作,1957年调入北方昆曲剧院任教师、笛师。张允和《昆曲日记》1957年4月18日记:"徐惠如,梨园世家,9岁学戏,已55年,每日平均6小时。能吹的戏416出。"并附有目录。5月23日:"徐惠如一生对昆曲有兴趣,……他的儿女并不学习,他在北方30年,男女学生有二百人以上。常在天津,解放后参加北京人民艺术剧院,但不被重视。1952年出来,1956年参加文化局编导委员会。"

关于徐惠如退出的原委，北京曲家朱复先生回忆道：

> 五六年，那时候张伯驹还没扣"右派"，民主党派，势力不小，劲头也不小，他好心，爱管唱戏的闲事，京剧昆曲都管了。他跟北京市文化局推荐，把徐惠如弄到北京市戏曲编导委员会工作。这可是吃皇粮、领小米的差事！比干拍先强多了。拍先靠吹笛子挣两个钱不容易，唱主儿不好伺候，也受气。结果徐惠如刚去上班没几天，跑来跟俞平伯说：'我参加革命了！以后曲社有公家的集体的任务，我去吹。别的太太小姐们要唱，资产阶级个人聚会，我一概不伺候！'这下他可抖起来了，可是太太小姐们气不打一处来啊，好家伙，我们养了你几十年，你说撂就撂了！让我们现找谁去！徐惠如本来借住在苏锡龄、伊克贤两老太太家小北屋后罩房，多少年前后邻居，打这起不说话了。⑨

另据张允和《昆曲日记》记载，北京昆曲研习社成立后，初期徐惠如仍参加曲社公开活动，但与几位社务委员特别是许潜庵（1888—1976）、伊克贤（1904—1966）等关系一直相当紧张，张允和负责的联络组因此做了许多工作，可见彼时的政治氛围。

紧接着是7月7日欢迎赵景深、唐长孺的北海曲会。"五时半偕唐长孺、赵景深赴北海漪澜堂，曲社诸人宴新到京诸友也。八时下海，唱至十时许登岸，又在山坡带身段唱至十一时许而归，已十二时。"

张允和《昆曲日记》也记载了此事。"7日晚，北京曲友请我们上海曲友晚饭，在漪澜堂。吃饭后，下画舫，唱到十点钟，走了一些人后，又上山上平台唱一台戏。开锣戏是允和的'一江风'小春香，周铨庵《寄柬》'降黄龙'，压台戏是伊克贤的《芦林》。画舫上袁二姐一定要钱一羽写上四个大字'昆曲晚会'，因为最怕人家说是绍兴戏。"（按：书中此则记载系于1957年7月12日，年份显然有误）

北京昆曲研习社于1956年8月19日召开成立大会，8月18日谭其骧离京返沪，至10月12日复到京，继续参加曲社活动，据张允和《昆曲日记》记载，北京昆曲研习社成立之后，数月内公开活动地点一直没有得到解决，"11月19日以后在东单文化馆，每周一次活动开始，每次到会约三四十人"。此外曲友家中聚会一直未停。如1956年11月

---

⑨ 根据复旦大学曲友洪巍2007年采访。

23日,"晚赴陆剑霞家曲会,归已十时半"。张允和《昆曲日记》:"11月23日,晚上陆剑霞请客,季龙也去的,有俞平伯夫妇等人。袁二姐大唱其《南浦》,大哭大叫,外面人听见,可不是一群疯子!"

四

谭其骧无法久居京华,地图集的工作告一段落时他必须回沪工作,故1957年1月6日晚"曲社饯送",1月12日下午五时,谭其骧离京返沪,结束了在北京近两年的历史地图编绘工作。而他在沪期间(即1956年8月23日—10月11日)的日记今似已不存,葛剑雄的访谈或可说明缘由:

> 以前我很奇怪谭先生日记在外地记的部分都是全的,留在上海时只有大的事情才有日记,其他很多事日记上找不到的,后来才知道很多日记都给谭师母偷掉、撕掉了,最后谭先生也不敢记日记了。她一看到日记里记了一个女人的名字,那肯定要闹翻天。有一次杨度的女儿在北京缺一个高的痰盂,请谭先生从上海带去,给她发现,不知道闹了多久,闹得谭先生在办公室不肯回家,后来多少同事劝了他回去。⑩

1957年4月,赵景深、徐凌云等发起成立上海昆曲研习社,将晚清民国以来的多个上海曲社合并,当时还在中山公园拍摄了合照。由于日记出版不全,笔者无从得知谭其骧50年代与上海曲友的往来,但赵景深为其复旦同事,在后人的一些零星回忆中,我们仍可窥见当日谭其骧与复旦乃至上海曲友的往来。据复旦大学经济系校友、曲家甘纹轩回忆:

> 谭其骧老师是在北京读书的时候开始学昆曲的,所以跟北京的曲友比较熟悉一点,在上海昆曲界交际就没有赵老师那么广了。五十年代初期的时候周有光、张允和夫妇在上海,住在四川路,谭老师跟他们比较熟,有时候就到他们家去唱曲子,也叫我同去。每次从张家唱曲出来,都是坐三轮车回复旦,谭老师兴致很好,总是一路唱回

---

⑩ 《访谈|葛剑雄谈谭其骧:为老师立传,也要实事求是》,澎湃新闻2015年5月28日访谈,节引自https://www.thepaper.cn/newsDetail_forward_1335366。

来。有一次是唱《弹词》,我也会的,就跟他两个人一起坐在车上唱,一直唱回学校。谭老师家里也经常有昆曲活动,我也常去。有一段时期,应该是五十年代末到六十年代的什么时候,他在外白渡桥北面的河滨大楼编历史地图,在那儿有个专门的房间;谭老师劲头大,经常在那里唱曲子,也喊我去。八十年代的时候,谭老师大概也不怎么上班了,就主要在他家里,请一些曲友来唱,我跟陈宏亮是常去的。另外像胡忌,那时也经常到上海来,最早是跟在赵老师身边的,有一度还住在赵老师家里,后来赵老师先去世了,就经常到谭老师家里。但到谭老师家里来的曲友相比赵老师来要少得多了,他跟上海曲界不像赵老师那样熟络,不过上海曲社他是来过的,我还保存有他在曲社唱曲子的录音。谭老师唱曲子主要是唱官生,老生他也唱的。⑪

甘纹轩保存的录音,笔者至今尚未觅得。但机缘巧合,台湾贾馨园老师于1989年11月在上海昆曲研习社的活动中录制了谭其骧先生唱《长生殿·弹词》【一枝花】的片段。彼时谭先生已经两次中风,一开口音准仍很不错,虽然全曲状态未必如盛年时一样,但也是谭先生个人生活的沧海遗珠,弥足珍贵。此录像现已由复旦大学昆曲研习社整理转录,在哔哩哔哩及微信公众号正式发布。

1990年,昆曲泰斗俞振飞宴请上海昆曲票友之后合影,前排左起第三人为谭其骧

"文革"期间,上海昆曲研习社的活动被勒令停止,当时一批戏瘾大的上海曲友曾组织"秘密活动",但谭先生身处危局,并没有参与。政治运动干预的不仅是被视作"四旧"的昆曲、京剧等传统艺术,也对曲友们的命运带来了不同的影响。谭先生自离京后恐再无宁日与北京友朋共享唱曲之乐,不少名伶和在京曲友也在"文革"中受迫害而死,无缘与他再会了。

1968年4月30日,余英时(1930—

⑪ 甘纹轩:《复旦的昆曲往事》,见复旦昆曲研习社微信公众号2018年3月21日。

2021)在观看张允和的妹妹张充和演《思凡》后,曾赋一诗:

> 一曲思凡百感侵,京华旧梦已沉沉。不须更写怀乡曲,故国如今无此音。[12]

这首诗将政治运动之后传统戏曲凋零丧亡的局面描摹得简洁真挚,饱含对往昔的怀念。《京华日记》中这段充实、快乐的岁月,不正是谭其骧个人的"京华旧梦"吗?

至"文革"结束后,谭其骧的健康状况虽已大不如前,且学术工作仍十分繁忙,但仍没有忘记昆曲。海上名记谷苇的《谭其骧唱昆曲》提到:

> 1980年,谭其骧因中风已不良于行,久未拍曲的他和夫人李永藩出席了赵景深主持的昆曲研习社活动,与昆曲名家俞振飞、李蔷华、王传蕖、王吉儒和孙天申等一起,演唱了汤显祖《临川四梦》中的选段。谭其骧夫妇唱的是"三醉","就像旧时学塾的学生读书一样,两个人合看一本曲谱,哼哼唧唧唱了起来。有的时候,高的音腔唱不上去,赵先生夫妇就在一边'帮腔'。这种时候,谭先生总是报以温文的一笑,以示感谢。"最后,谭其骧慨然一叹:"板眼都不准了!"

可以说昆曲陪伴谭其骧走到了生命的最后一刻,1991年10月13日星期天上午,谭其骧接待了上海曲社的曲友陈宏亮。而18日中午,他即因突发脑溢血入院,日记也随之中止。葛剑雄于1992年2月3日农历除夕夜去医院看望谭其骧,"他安详地睡着,录音机里放着昆曲"。

---

[12] 余英时著、郑培凯编:《余英时诗存》,牛津大学出版社2022年版,第5页。

一人老总沈苇窗
——香港海派作者系列之五

沈西城

2024年上半年三四月份,二姊夏丹给我电话:"小弟,明午有空吗?二姊请你上尖沙咀北京楼吃包子!有东西给你!"二姊有事找,自然有得吃。说到"东西"者,在我意识里,大抵是饼券一类吧?二姊常以各类饼券贻我,一年当中总有好几回,这回怕也不会例外吧!第二天中午准时到北京楼,二姊已在座,见面拉着我的手,轻轻拍了两下,亲昵地说:"长远呒见,二姊好想念侬呵;看看辣个礼物,一定对侬胃口!"二姐地道北京人,喜欢说沪语,说得比我标准。接着,把身边的纸袋递到我手上。一看,勿得了,赫然是一叠旧的《大成》月刊,约有十来本。"前几天,家里收拾旧对象,给淘了出来,舍不得丢,总觉得你是最适合的接手人。红粉赠佳人,好书送才子!"标准的北京腔,刮辣松脆。

我不是什么才子,二姊给我这顶高帽子,我戴不来。现在想戴,也没得戴了。六月,二姊谢世,在天上看着我笑。回到家里,将纸袋里的《大成》摩挲一遍,思潮起伏,不由缅怀起催生它的主人沈苇窗前辈来。

1974年,我从日本归,赋闲在家,偶投文广报章杂志,换取微薄稿费。结婚不久,一家三口蜗居太古城一个小房间,入不敷支,靠妻子典当嫁妆度日。有一天,翁灵文伯伯给我电话,约后天去佐敦弥敦道北京酒家午茶。也不问

沈苇窗与梁实秋合影

沈苇窗主编的《大成》月刊

到底有什么事,既有饭充饥,也许能打包食物回家以慰妻女,于是束装前往。星期天,天气好,树上雀儿叽喳叫,我也唱着《好预兆》,坐船渡海,再由尖沙咀码头,学日人十返舍一九,徒步至北京酒家,跟部长说了翁伯伯的名字,就引我走进包厢。

噢!满满的一桌人,一数,近十人,把狭小的包厢坐得严严密密。翁伯伯坐在入口处,一见我,招手说:"关琦,这边坐!"我在翁伯伯身边坐下了,接着一一介绍:陈存仁大国手、填词名家陈蝶衣、历史小说名家南宫博、性格演员马力……最后轮到一位中年男士:"关琦,这位就是大名鼎鼎、《大成》月刊社长沈苇窗先生!"我抱拳作揖。沈社长着一袭深灰色西装,领脖子上结枣红领带,温文尔雅,举止洒脱,辄有民国雅士之风。翁伯伯接着说:"苇窗兄,这是我当年战友的儿子叶关琦,笔名沈西城。"沈苇窗还未及开口,旁边的陈存仁叫起来:"原来你就是沈西城,一直以为是老先生哩,原来是个小儿郎!"全场哄笑,我当堂面红耳赤,不知如何应对。翁伯伯打圆场:"关琦一直喜欢看明清笔记,钟情知堂,所以年纪小小,便有点儿夫子气!"这时沈苇窗开腔了:"沈先生两篇在《大大》讲李香兰的文章,我拜读过了,写得不错,希望你能来稿。"我是答应唯恐不及。点心、小菜陆续上桌,大家起筷。全是,岂容小子多言,还是吃东西吧!我像饿死鬼、吃得满嘴油。

前辈们你一言、我一语,谈的尽是往事。文化掌故、梨园逸事,其中所涉京、昆二剧,小儿郎是隔教,如何插得了嘴!忽然,陈蝶衣说起时代曲来,我精神即一振,对我胃口哉,斗起胆子,说了对时代曲的看法。蝶老笑道:"听你讲,你喜欢吴莺音?"我点点头。"那么周璇呢?"我回答:"还可以!"座上的老前辈全望着我,怔住了,接着轻笑起来。大抵是说"小鬼,你居然把周璇放在吴莺音下面,啥个缠头劲?哼!"我没理会,这是我的想法。蝶老问我:"你到过日本,可有听日本歌?"我点点头。"那你知不知道服部良一?""呵呵!当然知道,服部良一的《苏州夜曲》是我最喜欢的时代曲。"我娓娓道出。蝶老听得连连点头:"沈先生真的懂时代曲。"越说越兴奋,难得老前辈们不嫌弃,小鬼升城隍,说个不停。陈存仁鼓励地说:"沈老弟,你要为《大成》多写这方面的稿子!"我耸耸肩,笑足胡拉,哑着嗓门说:"一定一定!"见我滑头,前辈们掩嘴笑不停。

我跟翁伯伯下了楼梯,并行到尖沙咀码头。分手前,我问翁伯伯应该写些什么文章,真像陈存仁提议的那样写时代曲吗?翁伯伯沉思了一会,道:"我看最好是日本的事物,日本电影你内行,就写一些,我交沈社长。"敢情好。"不过单是日本电影,怕提不起《大成》读者的兴趣,倒不如辅之以中国电影,好不?"翁伯伯想了想,回答道:"这也好!"我想到了一个方法,坦白出来:"翁伯伯,你写一些关于战前的中国电影,我就用同时期的日本电影来配合,行不行?"翁伯伯拍腿叫好。于是在下一期的《大成》就出现了《中日影电影发展史》,作者翁灵文、沈西城。沈苇窗很喜欢,就开始连载。承沈社长扶掖,小儿郎从此成为《大成》最年轻的作者,阿拉侬,全是上海同乡,亲昵无间。

放下旧《大成》月刊,不妨谈谈沈老。沈苇窗原籍浙江桐乡乌镇,一口苏白说得比苏州人更地道。在香港讲述掌故的,自来有三大杂志:《春秋》(1957年创刊)、《大人》《大成》。两《大》同系,先有《大人》,后有《大成》。这是怎么一回事?且听我道来。

20世纪70年代,沈苇窗偶遇鹤鸣鞋帽店老板杨抚生,相谈甚如。杨抚生是一个海派生意人,开了"人人"和"大大"两间百货公司,生意不错,为宣传店务,出版了《大大》月刊,这是他经营的第一本杂志,跟沈社长无涉。我曾为《大大》写稿,是翁灵文所荐,写了《东洋刀剑谈》和《奇女子李香兰》。《大大》卅二开本,封面四色印刷,销路平平,杨老板兴致索然,想要停刊。沈老得知,就怂恿他不妨换个新面貌出版一试。诚意拳拳,杨老板点头答应。

沈社长一力独挑编务,大事改革内容,易名《大人》,以文人逸事、宦海史料作主打,一声号令,海派文人纷纷拔刀相助。名家会聚,猛稿如林。沈社长胞兄沈吉诚(人称老吉),香港沪人圈子名人,喜欢赛马,更精于此道,熟悉马圈人士,乘势编了一本《老吉马经》,贴士准绳,异常畅销。这是香港赛马史上第一本马经,老吉因而成为香港马经宗师。沈社长何等机灵,要胞兄撰写马场轶事,于是《马场三十年》始载于《大人》月刊,打战前赛马到战后,时间横跨三十年,绿茵场上马奔腾,骑师挥鞭力驱策,人物栩栩如生,情节扣人心弦,读者争相追读。惜乎寿命不长,仅办了廿四期,1973年10月即告寿终正寝,原因听说是沈老跟杨老板在广告佣金上有了意见,深觉受欺,拂袖而去。

《大人》停办后,沈老意兴阑珊,一班海派作家都劝他继续办下去,并且愿意暂不支稿费,助彼一臂之力。盛情难却,匀出私蓄,同年12月创办了《大成》月刊。《大成》的路线跟《大人》了无异致,"聚文史精华,集艺术大成",同样是传记、掌故、文化、艺术为主。沈社长捋袖唱独脚戏,采、编、校集于一身,开了一人一志先河。《大成》版面悦目,内容丰盛,远超《大人》,尤其每期封面统由巴蜀大画家张大千包揽,寥寥数笔,山水青幽,花鸟灵动,读者焉能不爱不释手?

沈苇窗与张大千合影

沈苇窗与张大千题写的"大成出版社"合影

作家阵容,那就更胜《大人》多多矣,名家各展文采,暗里较量,粗略一算,便有:儒医陈存仁,掌故三大家陈定山、芝翁、林熙,词圣陈蝶衣,广东才子吕大吕,历史小说大家南宫博、宋玉。噢哟,差点儿漏了我这个小八腊子,全是上海老乡,亲热得勿得了,销量远远凌驾《大人》。只是后来我跟沈社长发生了一些小误会,从此没再为《大成》供稿。

直至1992年,我出任中文版《花花公子》总编辑,因有篇文章谈及京剧四大名旦、四小名旦的排名,硬着头皮致电沈老讨教。沈老不计旧嫌,电话里滔滔不绝为我解说,旋约定翌日茶聚,多年阴霾,一扫而空。越三年,中秋前夕,沈老离世,享年七十七岁,《大成》亦随他而去。举杯奠沈老,愁思难随风逝,这愁思断不了!

茧庐主人的晚年交谊

程 彦

一百年前,曾祖父程小青(1893—1976)迁居苏州,买下了望星桥堍的一处宅子。宅子里,他种花种菜、写作、画画、教书、育儿,日子过得充实忙碌。他的《霍桑探案》让他声名远播,备受瞩目。不想到了晚年,却又是另外一番景象。陆文夫在曾祖父最后的时日去看望他时,描述曾祖父被逼到了一个小房间,房间里唯一能陪伴他度日的就是一本通讯录,他靠与所剩不多的几位友人书信来打发苦闷的时日。

冷月公是曾祖父的挚友,在其公子陶为衍还未出生时,就指腹过寄给了曾祖父,曾祖父按照家里孩子的排行,给陶为衍取名育亨。1976 年 10 月 10 日,陶为衍旅行结婚时,毫不犹豫地选择了苏州为蜜月地。下了火车,就来看望曾祖父。可惜,当时的曾祖父已经处于弥留之际。在医院病房里,陶为衍的一声声寄爹,让昏迷数日的曾祖父睁开了双眼,努力挤出"育亨你总算来了"这几个字。10 月 12 日,曾祖父过世。1985 年冷月公过世。但友谊并未中断。《茧庐诗词遗稿》是两家友谊长存的最好证明。陶为衍在《怀念寄爹程小青》一文中写道:

  1975 年 10 月 13 日,寄爹来访,赠油印本《苏州园林》诗稿一册,前言记一九七五年二月抄录,收入程小青咏苏州园林七言诗十三首,计:沧浪亭、狮子林、拙政园、留园、网师园、怡园、环秀山庄、西园、寒山寺、虎丘、天平山、灵岩山及添附一首。

  陶冷月在封面题记:"小青兄到沪见赠,七五年十月十三日冷月记。"

  一周后,平襟亚在上海南京东路广州饭店招宴来沪的程小青,郑逸梅、陶冷月等星社社友前往作陪。这次也是寄爹最后一次来沪与星社诸友的聚会。20 世纪 80 年代初,我得知育德哥、育真姐正在编辑寄爹遗稿,便将寄爹所赠油印本《苏州园林》寄苏供参考。1984 年 9 月,育德哥将编辑后自费铅印的《茧庐诗词遗稿》题赠陶冷月。1986 年我去苏州时,育德哥又在油印本扉页题记:"75 年先父以油印诗集赠冷月世叔,今冷月世叔与先父已先后离世,为永存志念,特书数语以赠为衍兄。

 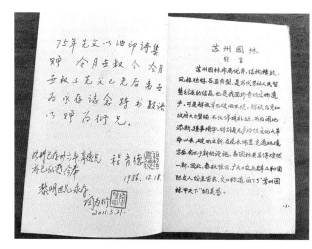

程小青《苏州园林》陶冷月题签本　　程小青《苏州园林》扉页程育德题记

程育德,1986.12.18。"回赠我。后育德哥、邓援嫂先后谢世,我将此册题赠育兄哲嗣黎明世兄归藏。

2020年,陶为衍将近80岁,他来到苏州,想要来看看我父亲,却被告知父亲已经离世。如今,这本极有纪念意义的诗稿也交由我保存。而陶老师也像爷爷一样时刻关心着我。在听说《霍桑探案》即将再版以及我要主编《茧庐花蹊——程小青传略》一书时,陶为衍老师更是亲力亲为,从方方面面帮助我,也正是通过他的介绍,才让我认识了郑逸梅的孙女郑有慧老师等诸多曾祖父当年挚友的后代。

1964年5月16日,曾祖父与陆澹安、朱大可、严独鹤、丁悚、平襟亚等友朋相聚上海新雅饭店,为周瘦鹃、郑逸梅、陶冷月三老庆祝七十大寿,并在饭后合影

恭祝瘦鹃逸梅冷月三老七秩大庆(一九六四年五月十六日)。前排左起:沈禹钟女儿沈修颂、严独鹤夫人陆蕴玉、姚苏凤、程小青、吴明霞、胡亚光、江红蕉;中排左起:严独鹤、孙雪泥、陶冷月、周瘦鹃、郑逸梅、孙筹成、丁悚;后排左起:管际安、徐碧波、王巨川、朱大可、平襟亚、芮鸿初、沈禹钟

留念，此为一段佳话。照片中曾祖父精神矍铄地坐在了第一排正中。2023 年 11 月 19 日，在曾祖父诞辰 130 周年之际，在陶为衍老师和郑有慧老师的帮助下，我成功邀请到部分照片上的后代再次相聚上海新雅饭店，并于王开照相馆合影留念。此次相隔 59 年，后辈们聚首，照相留念，对于我们每一个人来说可谓意义非凡。曾祖父和他挚友们的深情厚谊已经通过后代们传承了下来。

徐碧波，曾祖父的另一位挚友，在改革开放后，曾这样回忆曾祖父的老宅："堂前有花木之胜，屋后兼有菜圃，空气清新，环境幽静，正是一所读书与著作的好地方。尤其他的卧室在后进书室楼上，建筑得四面有窗，一到夏季晶窗俱启，四面通风，比较楼下更为舒适，小青认为至乐之举，因为他是一个极度怕热者。更引为便利的，距离工作地点近在咫尺，又能腾出时间从事译述写作，很觉悠然自得。"

然而，老宅在经历了一百年的风雨洗礼后，已经变得破败不堪。我下定决心要修缮老宅，还它原本的面貌。经过了前后五年的时间，终于在《霍桑探案》再版前夕，完成了修缮工作。我特地布置了一间房间，作为陈列室，里面用一幅幅画，一封封书信，一张张手稿，展示了曾祖父勤劳且精彩的一生。以此向他老人家致敬！曾祖父有一首词："桥畔幽居莳水西，曲岸风微，小巷人稀。向阳庭院有花蹊，春日芳菲，秋日纷披。高阁窗前绿树低，晓接朝曦，暮送斜晖。闲来读画更吟诗，家也怡怡，国也熙熙。"如今的茧庐正值深秋，庭院里桂花飘香。如果曾祖父能看到，他定会高兴的。

修缮后的程小青故居一角

路易士[①]笔名"李素"的实证确认
——兼及艾青文中有关杜衡、路易士的附逆根据

吴心海

一、路易士笔名"李素"的实证确认

　　诗人刘康凯曾写有《"孤岛"上的"纯诗"人：1939—1940 年路易士在沪创作与行迹考论》[②]，在"路易士'孤岛'时期作品和笔名小考"一章中，披露了其发现的路易士在"孤岛"时期使用的笔名"苗猫"和"李素"。关于前者，因为有署名"苗猫"的诗作先后收入路易士的诗集《三十前集》《摘星的少年》，认定不难，所以作者说："则'苗猫'非路易士而何？"至于后者，刘康凯是从李素发表诗论的观念、价值和路易士相同，翻译的阿波里乃尔诗作和路易士的译诗有相似之处（"词句上的共同点"）、雷同之处，而加以推论的。刘康凯举例说：

　　　　如李译《蚤》有"我们的血悉为彼等所吸了"，纪译《跳蚤》有"吾人之血悉为彼等所吮吸了"；李译《章鱼》有"这不近人情的怪物即是我啊"，纪译《乌贼鱼》有"这不近人情的怪物就是我"；《鼹鼠》李译有"些少些少地啃啮着我的生命"，纪译有"你们些少地些少地啃啮着我的生命"；李译《鸠》有"鸠呀！生了基督的爱呀！／圣灵呀！／我也和你一样地爱着一个玛利亚"，纪译《鸽子》有"鸽子呀，生了基督的爱呀，／圣灵啊，／我也和你一样地爱着一个玛丽亚"。虽然不同译者对同一作品的翻译不免会有雷同现象，但某些带有明显个人风格的语气、用词、句式却极少会有雷

---

① 路易士，本名路逾，祖籍陕西周至，台湾现代派诗人。1929 年开始写诗及学画，1931 年以"路易士"为笔名自费出版《易士诗集》。1945 年开始使用笔名"纪弦"，1948 年由上海赴台湾。
② 《现代中文学刊》，2022 年第 1 期。

同的。因此，如果说上述前两点尚不足以证明"李素"即路易士，那么最后一点则非常有力地证明了这一判断。但路易士后来发表的阿波里奈尔诗作译文为何略有不同？可能是他有意对早期译诗加以修改，以求准确，但某些带有个人烙印的词句特征却改不掉。

承刘康凯先生信任，他的这篇大作发表前就曾发给我先睹为快。对于康凯兄有关路易士"孤岛"时期两个笔名的认定，我大体是认同的，尤其是"苗猫"这个笔名，因为当时《中华日报》发表其作品时以手写体的标题和签名制版。虽然距离路易士后来和我父亲吴奔星通信相隔了半个世纪之久，但诗人的字迹特征还是变化不大。2018年，诗人路易士的哲嗣路学恂大哥从美国回中国探亲，到访南京，我也曾把《中华日报》上以手写体标题和签名发表"苗猫"作品的图片拿给他看，他的回答是：和我父亲的笔迹很像很像！

至于笔名"李素"，康凯兄的推断也顺理成章。但我同时认为，如果能够再有其他佐证，最好是实证，证据链将会更趋完美。当然，这也是可遇不可求的。

不过，可遇不可求的"实证"就在2024年的酷暑中出现了。而且，引发了"连锁反应"，许多相关的未解、待解之谜，都有了答案。

"实证"对象：《自由评论》第三、四号合刊，1939年7月16日出版。一首不见于目录上的诗作《飞》，引起了我的注意，因为诗作的署名为"李素"！

《飞》这首诗，未曾收进路易士各个时期诗集版本。且录入如下：

我不是留鸟，故我必须飞。

远方是馥郁的——我渴望着那些幻想的风景线，充满了光与音乐的国土，那些奇异的习俗，那些活跃的人物，那些山，那些海，……

但在我所栖息过的那个古旧的小城里，只有一种腐尸的味可以闻臭：那里的居民多半是白痴和蠢驴；有些则老奸巨猾，阴谋满腹。

他们以一种堪称特有的钝滞而又漠然的眼光，投在那使他们暗地里鸷羡不置的外方人的身上；但逢着那给自己的家乡带回来以某些新鲜事物的年轻的人们，则其眼光则立即变为嫉妒的和恶意的嘲弄的了。

我已在那可诅咒的坟墓里闻臭腐尸的味十余载了：我不敢回忆。

每当我想起那些浮肿而无血色的,乖戾的,狡险的,而且是顽固得可怕的面孔来,我就忿怒得以至于全身都颤抖了。

啊,那些当我还很年幼的时候曾侮辱过我,欺凌过我,并时时刻刻都在计算着我的蛮横的流氓和伪善的正人君子们,皆是我的复仇的对象!

而我是永难摆脱这深深地潜藏在我的生命里的有力的情感之支配。

我发誓:宁可成为一他乡之饿殍,若再踏进那小城一步,便是一最最低级之生物,可耻的弱者!

我已不止一次地离开过它,而这是最后和最坚决的一次了。

当我离开它的时候,我是一无所恋的。

我宁可成为一他乡之饿殍!

哦,如今我是正在飞着——我要飞到一个无人迹的最远的远方去!

因为我耻与那个具有腐尸的味道的古旧的小城里的留鸟们为伍。

1939年7月16日《自由评论》第三、四号刊登的李素诗作《飞》,标题和签名均以手写体制版

1930年10月2日《中华日报》副刊"文艺周刊"刊登的李素《随笔之秋》,标题和签名均为手写体制版

让人拍案的是，此诗的题目和作者，是手写体制版。同年《中华日报》10月2日刊发的署名"李素"的散文《随笔之秋》，题目和作者，同样是手写体制版。两相对照，出自同一人之手可能性很大！路学徇先生这次看到我发给他的诗作《飞》的照片，专程打来越洋电话，表示："我不能百分百肯定李素就是我父亲的笔名，但这几个字，尤其是'飞'字，和我父亲的字非常像、非常像！"

从诗作的内容看，《飞》和路易士1943年的作品《城的脸谱》也有相似之处，都描写了因为战事导致贫困而在故乡小城遭遇的世态炎凉，表现出对小城爱恨交织的复杂情绪。

二、艾青关于杜衡、路易士附逆的根据

说起李素和诗作《飞》，不能不看看《自由评论》这个刊物。中国国家图书馆"民国时期文献"之"民国期刊"中的《自由评论》半月刊，仅见三期，分别是1939年5月16日出版的第一号、6月16日出版的第二号和7月16日出版的第三、四号合刊。编辑者和发行者都是自由评论社，没有编辑人的信息，第二号"投稿简约"中最后一条为"来稿请寄海宁路七九九弄十六号"，其中"七九九"是"八九九"字样上改盖一个"七"字而成。到了第三、四号合刊，"投稿简约"中的最后一条略为修改，为"稿寄上海海宁路七九九弄十六号"，版权页"编辑者 自由评论社"后也添加有"海宁路七九九弄十六号"字样。

关于这个《自由评论》，论者谈及甚少。不过，周而复1939年12月10日发表在《抗战文艺》第五卷第二、三号的杂文《汉奸画像》中，却有端倪可寻。此文尚未见有人关注过，且将相关文字照抄如下：

偶尔翻阅到今年4月30日的《救亡日报》，有一则叫做"秽新闻"(Scandal Sheets)的"本报港讯"，"新闻"以至于"秽"，不可不看，且剪下来贴在这里：

前"第三种人"今"自由评论"

杜衡投汪 文协警告

(本报港讯)全国文艺界抗敌协会香港通讯处，顷通过决议，对该会会员杜衡附逆行为加以警告，杜近受汪指使，拟在港出版《自由评论》。

后面还附有一条"编注",是很好的参考资料,索性也剪下来。

(编注)杜在文艺活动上,曾自号为"第三种人",抗战中在港一度谋入乂门不遂,嗣改投汪,任职于蔚蓝书局,卖力久矣。今拟假自由之名以附逆媚敌,亦其宜也。

这位杜衡即苏汶,抗战以前,文艺论争时,他站在"艺术永久性"这一面大旗下,早就大声急呼地"要自由""自由"了。

"抗战中在港一度谋入乂门","自由",却"不遂",也真是扫兴的事。想来"乂门"中也不自由,因为他也要"抗战"。既要"抗战",而且还得"全面",个个要参加,真是不大"自由"。然而"嗣后投汪",这是一条"自由"之路,可以坐在蔚蓝书局里出版《自由评论》了。

周而复1939年12月10日发表在《抗战文艺》第五卷第二、三号的杂文《汉奸画像》相关内容

这里要指出的是,周而复若干年后出版《北望楼杂文》③时收入此文,有所修改、补充,比如,上述文中的"乂门"就改为了"孔门"。

此文一读,困扰了我很长时间的一个疑问迎刃而解。这个疑问,刘康凯在《"孤岛"上的"纯诗"人:1939—1940年路易士在沪创作与行迹考论》一文中,也曾涉及:

---

③ 上海文化工作社1949年版。

1939 年 5 月 11 日诗人艾青在其主编的《广西日报·南方》第 49 期发表文章《论杜衡》④，开头即称"日前接戴望舒兄由港来信，云路易士已跟了杜衡做汪派走狗。以前我已怀疑，不对你明言者，犹冀其改悔也"。战前路易士自觉地追随戴望舒，将自己融入以戴望舒为核心的"现代派"诗人群体，两人关系密切；赴港后他们也曾比邻而居，过从甚密。由于这封信没有流传下来，我们不知道戴望舒对路易士"附逆"的判断有何依据，但从他们之间的关系以及戴望舒的身份来看，戴望舒的说法应非空穴来风。

综上所述，戴望舒对路易士"附逆"的判断依据，当是周而复所引用的《救亡日报》刊出的"秽新闻"涉及的杜衡的问题。而时间节点，也符合艾青 1939 年 5 月 11 日发表的《论杜衡》一文中所写"日前接戴望舒兄由港来信"。

当然，戴望舒毕竟在香港，对杜衡、路易士情况所了解的时间，肯定要早于《救亡日报》所披露的消息的时间。所谓孤证不立，孤证难立，事实上，关于这个问题，其他证据还确实存在。比如，1939 年 5 月 10 日，上海英租界注册的《国际日报》副刊"现实"上就有一则题为《检举〈自由言论〉》的读者来信。文字不长，内容颇为重要，而且从来无人提及：

编辑先生：

今天读到香港四月二十九日的《立报》，在副刊"花果山"中有王三先生的"山中语"，说汪逆精卫现拟嘱其爪牙在上海印行《自由言论》。兹录王三先生文于后：

×××

"臭袜子诗人"日前自上海来，此行专为取汪派卖国贼新创办之《自由言论》稿件者。《自由言论》在沪印行，由"臭袜子诗人"负印刷责任。因各稿由港寄沪，恐有遗漏，固有此行。

《自由言论》编辑由流沙与某前第三种人作家共同负责。其开办费两千五百元

---

④ 刘康凯文中 42 注表示，此文引自"艾青：《艾青全集》第 5 卷，石家庄：花山文艺出版社，1991 年，第 16 页"，经核对《艾青全集》第 5 卷，此文标题应为《谈杜衡》。因尚无机会寓目 1939 年 5 月 11 日的《广西日报》，艾青文章原题待考。

港币,为汪逆精卫自掏荷包,交与林柏生,流沙已向林柏生领来。因之,流沙与某前第三种人作家连日大为富丽阔绰。

某前第三种人作家,日昨以书面向"某文艺团体"声明,本人并未代为拉稿云云,现"某文艺团体"静待该卖国刊物出版后,再取第二种对付步骤。

×　×　×

据王三先生文,汪逆现拟嘱其爪牙在上海印行卖国刊物《自由言论》,兹持行检举。希望印刷工友,报贩工友,书店及读者注意!

读者王罔常上。五,八。

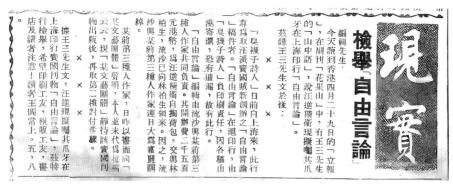

1939年5月10日上海《国际日报》副刊"现实"刊登的读者来信《检举〈自由言论〉》

很显然,文中提到的刊物《自由言论》,就是《自由评论》。或是因为当时刊物未出,刊名欠详,或者《自由评论》正式出版前也曾考虑过《自由言论》的刊名(包括刊物出版地,也曾在香港和上海之间考虑过)。至于刊物的编辑流沙,则是胡兰成的笔名,而某前第三种人作家,自然是杜衡。当然,"臭袜子诗人",无疑就是以写"脱袜吟"而知名的诗人路易士! 艾青在《谈杜衡》一文里,对此也印象深刻:

路易士我不认得,他的诗也读得很少。据说有一首写他的脚臭的诗是他的代表作,那首诗我曾看过,其臭也不亚于他的脚。

《检举〈自由言论〉》一文中披露的内幕(如"臭袜子诗人"专程去香港取稿、负责印刷),是否与历史事实相符,在大半个世纪之后的今天,恐怕很难弄个水落石出。不过,路易士和杜衡一生交好,杜衡对路易士有提携之恩(路易士在回忆录中透露,他后来在港编辑《国民日报》副刊,就是杜衡把他推荐给《国民日报》社社长陶百川的),乃是不争的事实。因此,杜衡最初参与《自由评论》的编辑工作,让路易士帮帮忙,并非空穴来风。而《自由评论》第三、四号上,一首目录上并未著录、署名"李素"的诗作《飞》,草蛇灰线,伏脉千里,让笼罩在半个多世纪时间迷雾里的种种,趋于明朗。"李素"为路易士的笔名,因此一实证,可以认定。

当然,杜衡因追随陶希圣而"接近"汪派的时间非常短暂,很快就辞去了蔚蓝书店的职务,也脱离了《自由评论》的编务。不过,他也为此付出了不菲的代价,先后被全国文艺界抗敌协会香港通讯处警告和开除。1940年6月5日,《中央日报》(重庆)发表特稿《"第三种人"作家杜衡在香港 任国民日报副刊"新垒"编辑》,为文坛谣传杜衡为汉奸正名,希望"纪出报道,从此'第三种人'为汉奸之谣可以休矣"。此文披露了杜衡当年4月26日的一封信,为自己做了详细的辩白:

> 关于对弟之谣言与污蔑,当然是有作用的,其经过情形,非三言两语所能了。总之,有三事可告故人:(一)弟从来没有做过一件违反民族利益的事;(二)从来没有写过一行违反民族的文章;(三)从来没有拿过一个不应拿的钱。此三事,凡属知交,当可从人格上来信任我。当时弟之在香港蔚蓝书局任事,固是众人闲知的事实,该书局初亦为中央经费,弟之被聘为英文编辑,亦不过如抽签似的抽到这个职业,弟当汪逆卖国投入敌人怀抱之时,即与他们分手(同时脱离者,尚有许多人)⑤,当接洽旁的职业,以维生活,后来即在《国民日报》任事,弟所编《新垒》态度亦极鲜明。此间知友,对弟本无误解,即情形不甚明了者,稍经说明后,亦均释然。但是那些唯恐人家不落水的"尾巴们"却大为失望,故意装痴作呆,借端诽谤,对于他们,弟实无声明之必要。

---

⑤ 可以参考蔡登山:《杜衡:从"现代"派作家走向政论家》,选自《重看民国人物——从张爱玲到杜月笙》,中华书局2015年版,第195-208页。

同年 8 月 27 日,《大公报》(香港)"文协"副刊第六十六期发表《会务报告》,透露当月 19 日中华全国文艺界协会香港分会召开理事会例会,出席会议者有徐迟、杨刚、乔木、叶灵凤、林焕平、施蛰存、戴望舒、陆丹林等。会议"重要讨论事件为本会前会员杜衡、唐锡如两人联名来函要求恢复会籍事。当时经过长时间的讨论,各人发表意见甚多。结果议决:由本会函复两人,请其出能证实彼等立场之物证,如已发表之文字等。并请由彼等目前所服务之机关具函证明彼等职务,以供本会参考"。

1940 年 6 月 5 日《中央日报》(重庆)发表特稿《"第三种人"作家杜衡在香港 任国民日报副刊"新垒"编辑》,为文坛谣传杜衡为汉奸正名

  1940 年 10 月 6 日,《救亡日报》在"文讯一束"中刊登消息,文协已准予杜衡申请恢复会籍的请求。值得注意的是,和前一年该报刊出的杜衡被文协警告的"秽新闻"相比,这则消息的篇幅和文字都小了很多。

  遗憾的是,即便杜衡恢复了文协会籍,但好事不出门,坏事传千里,杜衡身为附逆和落水汉奸的恶名,依然如影随形,在此后流播了相当一段时间⑥。1943 年 3 月 2 日,《东南日报》刊出钱斯丁的《为傀儡舞台摇旗呐喊的第三批落水文丐》,依然把杜衡列入第一批落水汉奸文人公开示众,以至于当年 4 月 18 日、19 日施蛰存先生在《东南日报》副刊"笔垒"发表《我所知道的杜衡》,为老友辩诬:

  > 杜衡到港后好几个月没有工作做,后来有人介绍他进蔚蓝书局当编辑。蔚蓝书局是个什么性质的书局,我不必在此说明,反正知道党政情形的人必然知道。蔚蓝书局里有一位同事是《南华日报》主笔,此人与杜衡很谈得拢,不久也就搬到学士台,几乎天天下了办公厅就到杜衡家里,此君的姓名我已记不清楚了,因为我与他

---

⑥ 冯亦代 1995 年写作的《读〈海派小说〉之余》(《冯亦代文集》第 3 卷,中国友谊出版公司 1999 年版,第 240 页)依然说,杜衡"最后投奔了南京汪伪政府,就连他的名字,也完全从人们的口头消失了"。

不熟悉。但只要有一份汪逆部下的名单,我立刻可以指出来的,因为此君现在听说已成为二等红逆了。

汪逆去沪后,蔚蓝书局即告解体⑦,一半人去沪附逆,一半人另作计划。所谓另作计划者,乃是转移工作阵地或撤回重庆。杜衡的行止在这几十天中似乎有点欠明决,因此大受港中文化界的非难。"落水"之嫌疑,即由于此。但是这个不明决,只是极短时间的游移而已。至于杜衡为什么会有这种心理的游移,这不是外人所易了解的,即便好友如戴望舒者,当时也没有了解他。

……

《自由评论》是蔚蓝书局最后的刊物,杜衡确曾经写过文章,但并不是捧汪逆上台的文章⑧。《自由评论》移上海出版之后,杜衡已不属于这一群了。然而这时候,香港文学已开除了他的会籍,并且在报纸上声讨他了。

文中"蔚蓝书局里有一位同事是《南华日报》主笔",当指胡兰成。尽管施蛰存说和对方不熟悉,但因为杜衡的缘故,两人肯定还是有交往的。恕我孤陋寡闻,在此之前,从来没有读到或听到过施、胡有交集的情况。在《我所知道的杜衡》一文中,施蛰存还指出:

戴望舒在文协首先提议开除杜衡,并不是为了杜衡是他介绍入会的。这另外还有理由。戴望舒是个诗人,但是一个洋诗人,他没有中国人的伦理观念。他为了他那个近于自私的理由,遂对杜衡来一个"大义灭亲"。于是杜衡成为知名的附逆文人了。

施蛰存先生在文中还透露,杜衡要求恢复会籍的申请,出自他的再三敦促。

杜衡1939年春因蔚蓝书局、《自由评论》卷入落水风波的过程梳理清楚之后,作为

---

⑦ 朱朴写有《记蔚蓝书店》(《古今》半月刊第13期,1942年12月16日),称"二十七年十二月廿九日,我首先被派离港返沪筹办《时代文选》,其后柏生被狙,思平、仲云等也先后离港,于是盛极一时的蔚蓝书店,就告结束"。

⑧ 查我所寓目的《自由评论》三期刊物,并无署名"杜衡"或杜衡为人所知的笔名的文章。按照施蛰存先生的说法,杜衡确实在《自由评论》上写过文章,但在刊物移上海出版之后,他就不属于这一群了。按图索骥的话,只有没有标明出版地点的《自由评论》第一号符合条件,那么其中的八个作者宋玉纛、伍稀、陈厚、刘子真、张志坚、张景行、考兰德、罗青,除了考兰德是德国人外,其余七个,哪个是杜衡的笔名或化名呢?希望专家学者有以教我。

杜衡跟班小弟角色的路易士在同一时间被冠以"臭袜子诗人"之名,指为《自由评论》取稿、负责印刷事宜,也就不难理解了。虽然路易士此次和汪派的"接触"时间,和杜衡"极短时间的游移"(施蛰存语)相同,都是短暂的,但造成的影响同样是长远的。1940年清明之后,路易士再次从上海来到香港,曾写有诗作《香港之行》,发表在杜衡编辑的《国民日报》副刊上:

  清明佳节束装
  作海上的踏青
  乱世的流言四起了
  忍将名节换封侯吗?
  乐于呼吸岛上的湿空气
  三年后因肺病而死

  这首同样没有收入路易士任何诗集中的诗作提及流言、名节,想必是诗人同时面临攻讦和拉拢,希望以诗自证清白。吊诡的是,三个月之后的8月,《文化新闻》(重庆)在"文人清算录"栏目发表《臭袜诗人路易士》,挞伐此诗——

  十足地表现了他的小人像,假若他用来答辩呢!相反地倒增加了别人对他做汉奸的事实的相信。
  在这首诗里,很明显地便摆出了一副汉奸嘴脸。
  我们称这时代为伟大的时代,歌颂之犹恐不及,而路易士硬把它叫做"乱世",把中国正义的抗战,跟日本野蛮的侵略混为一谈。所谓"乱世的流言四起了",真有些侮辱中国,侮辱中国人!

  一个月之后,即1940年9月6日,当时身在衡阳的先父吴奔星,写了一首诗《致路易士诗笺并序》,序云:

  诗人路易士,年来萍踪港沪,人皆谓其附逆;传闻交至,虽不信而不能。乃于本年九月六日得其八月十二日自港来函,谓已就香港中央机关报《国民日报》编辑,中央社亦发电为之申辩,群疑顿释,乐而答以此诗。

同月 11 日,路易士主编的香港《国民日报》副刊"文萃"(旬刊)⑨刊登了吴奔星的诗作《风之歌》,当是那个阶段吴奔星与路易士之间通信联系的副产品。

有关中央社发电为路易士申辩的新闻,囿于所见,至今未得一窥真容。不过,《扫荡报》(桂林)1940 年 12 月份,数次刊登在香港国际通讯社担任特约译员的路易士的长篇译稿(如《战争与石油》《德国在其占领地之经济剥削》),应可证明中央社当时为路易士申辩确有其事,否则一个有汉奸嫌疑译者的作品,是决然不会出现在抗战时期矛头直指倭寇及汉奸的军方报纸《扫荡报》上的!

---

⑨ 此期"文萃"副刊除吴奔星诗作,还刊登有源克平(夏果)的《父亲是航海家》、杜衡翻译的《独夫的肉食》和路易士的《关于诗的定义》。

江南蘋的张园往事

鱼 丽

百年张园承载着历史,连接着未来,有着历久弥新的气质,而一代才女江南蘋与之曾有一段缘分。1930—1936 年,江南蘋住在张园约 6 年时间。本文追溯江南蘋当年的生活轨迹与文艺影踪,以及赋予海上第一名园的独特魅力。

迁居海上第一名园

由于国家金融中心南移,20 世纪 30 年代,吴静庵从北方调至上海四行储蓄会工作(办公地点为现南京西路上的国际饭店)。吴静庵是南社名人吴眉孙的四弟,镇江人,交通银行的襄理,20 世纪 20 年代,曾在哈尔滨、长春一带工作。江南蘋也因要服侍家中老人,于是随夫吴静庵从北方长春回来,为了有一个更为宁静舒适的生活环境,就住在张园。选择这里,不仅因为其优越的地理位置、便利的交通条件,更可能因为这里所蕴含的历史底蕴和文化氛围。

江南蘋一家住在带有巴洛克风格山墙的震兴里 9 号。根据史料可知,江南蘋所居住的张园为里弄街坊,1923—1927 年期间,张园大兴建设,陆续建成德庆里、荣康里、震兴里等。震兴里作为上海的历史建筑,承载着丰富的文化和历史价值。它于 1927 年建成,沿街西立面两层以上,为清水红墙砖面,外挑阳台配有花式铁艺栏杆,门楼为西洋装饰巴洛克式,细部极具古典主义特征。这种建筑风格在当时应该是相当独特和时尚的。从这专业性质的描述中,我们可以看出江南蘋当时居住的环境典雅而有韵味。而这一时期的张园地价,比外滩区域要低很多,但比租界以西的愚园路等区域又相对较高,可以说是属于当时中产阶层较为理想的居住场所。

另据现在媒体的介绍,多说震兴里曾是中国著名集邮家张赓伯的住址,他撰写的《邮海沧桑录》,为中国集邮史的研究留下了丰富史料。其实,张赓伯为吴静庵在交通银行哈尔滨分行的同事，两家人很要好，富有深厚友情。吴静庵喜欢收藏金石书画作品，在东北期间，多次由好友张赓伯拍摄后发表于东北的《大亚画报》。这份报纸是《大亚公报》的副刊版，图文并茂，刊载大量新闻摄影照片，在上海、天津、黑龙江、大连、辽阳、厦门等地还设有分社，在当时很有影响力。张赓伯的妻子何婉青，与江南蘋关系很好，何婉青认江南蘋母亲为干娘。银行系统南迁之时，因为何婉青要生孩子，张家就留在了哈尔滨。江南蘋与吴静庵先回到了上海，在震兴里安居落户。后来，张赓伯携家眷也回到了上海，就住在了震兴里的底楼。再后来，江南蘋夫妇搬到了富民路的古柏公寓，这是上海滩知名的四行储蓄会为职员建造的宿舍。张家也就从底楼搬到二楼，住了很长时间，一直到20世纪80年代初张赓伯去世。

雅居震兴里，伉俪情深

20世纪30年代江南蘋在张园家中

江南蘋、吴静庵夫妇同大伯吴眉孙都住在张园。大伯家里人多，住三上三下的福如里，坐北朝南，格局稳重大气。江南蘋住在二上二下的石库门，为独栋独户，有一个雅致的小院子。从现在遗留下来的相片可以看出，江南蘋年轻时的家居休闲照正是在张园家中拍的。年方三十的她，身穿一身浅色休闲方格布旗袍，脚蹬浅口皮鞋，头发已由在北方的长发剪短，稍微烫过，微卷而富有当时的风尚，大概是流行的发型款式，清秀的面容，透着一种女性的智慧与韵味。她坐在一张典雅的长条藤沙发上，手持一份《申报》，显得温文尔雅，彰显着一种沉静内敛的气质。她身后墙上悬挂着山水镜片、山水扇面等古典画作，这些画作与室内环境相得益彰，营造出一股浓郁的古典氛围。此外，落地花瓶内插满了雏菊鲜花，为室内增添了一抹生机与活力。室内流淌着一派温雅气息，仿佛时间在这里静止。江南蘋的居所，布局独具匠心。床铺被巧妙地安置在室内最深处，在床铺与入口之间，摆放着一张橱柜，虽然没有设置门，但巧妙地划分出不同的功能区域。边上留有一个空间,出入方便,中间则放置了一张长条沙发,如同吧台一般环绕,形成了一个温馨的起居室。这个空间既可以用来用餐,也可以根据个人需求进行变动和调整,展现了极高的灵活性和实用性。江南蘋本人在生活中富有情趣,她善于通过改变房间格局来营造不同的氛围,这种行为被形象地称为"耗子搬家"。过一段时间,她就会将房间隔一隔,变动一下,让家中格局焕然一新。那时屋内墙上镜框里的画,会随着四季变化被时常更换,给人面貌一新的感觉。比如,三伏天会挂上刚画好的雪景,让家人目雪消暑。她的这种创意和热情,不仅让自己的生活更加丰富多彩,也深深地感染了家人,使得整个家庭充满了温馨和活力。

江南蘋的书房兼画室,文人气息浓厚。柚木画案兼书桌,画橱,书橱,韵味十足,都藏有精致的设计心思。原先设想的画案,是其一端,不做抽屉,做一双门可开闭的长形橱,方便用来存放一些大卷宣纸,可惜工匠没能领会意图,变成了中间一小橱两边开架的格局。也许工匠觉得这样更新颖,殊不知大卷宣纸都只能放到橱顶。吴静庵对文房器物的设计,均投注了一定的情感在里面。画橱抽屉的安排有大有小,有深有浅,既错落有致,又方便储存。典雅、优美的民国古典家具,穿透岁月之美,也折射出吴静庵作为一位收藏家的智慧和品位、观念意识以及审美情趣。

吴静庵喜爱收藏,在北平时,就经常逛琉璃厂,买过很多小古董,到了上海依然如此。他喜欢那些小的,拿在手里把玩的物件。他也爱玩留声机。吴静庵对收藏古玩如此痴迷,有时候张园家里堆得太多,江南蘋会让一些小古玩店收走一部分。谁知一转眼,只见吴静庵又当成一件新宝贝买回来了,很开心的样子,弄得江南蘋哭笑不得。张园的家里有一副上品围棋,白子晶莹细腻如凝脂,黑子对着阳光的一面看,会发现是墨绿色的。装棋子的盒子更讲究,是将多副湘妃竹扇骨一段一段截下来,然后拼做成盒子。这样别致的设计,也是吴静庵的功劳。与如此有情有致的夫君相伴,生活在张园的江南蘋是有福的。

江南蘋(右)在张园家中下棋(中为吴静庵)

一代才女的文艺影踪

住在张园,一代才女江南苹依然棋琴书画,笔耕不辍。身为"槐堂女弟子",虽人在上海,远离旧京,距槐堂去世七年,但初到上海的 1930 年,她仍亲抄陈师曾遗诗,以此怀悼先师,表传画女棣之情。同年,作品还参加比利时莱奇万国博览会,并获奖章。1931 年,参加中日绘画展览会,作品《黄月季》为日本名人购去,还印成明信片发行。1934 年,她还参加了中国女子书画会,这时是由前辈老画家何香凝女士在主持书画会的工作了。江南苹在张园所作书画,经常随会员们一起参加集体画展,并标有润例,会后聚会评论书画,友好交往,相互提高。如 1934 年所绘《兰亭修禊图》,为画作中精品。她与陆小曼在北平时就是闺蜜,现两人在上海,又结成莫逆之交,又得识李秋君、吴青霞、庞左玉、陈小翠、顾青瑶、周錬霞、冯文凤等一众女画家,互有绘事往来,大家年龄相当,互相探讨画艺,成为现代女性绘画史上一道永不磨灭的绚丽风景。

江南苹居于张园期间,颇为重要的一件事是,她的十页花卉被选列《北平笺谱》一册中。此书于 1933 年由鲁迅先生动议,后经一年的工夫,鲁迅在上海,郑振铎在北平,多次书信往还,至 1933 年 12 月,鲁迅、郑振铎合编的《北平笺谱》由北平荣宝斋印行。此笺谱被鲁迅誉为"中国木刻史上断代之惟一之丰碑",江南苹画的十幅"花卉笺",笔简意足,含蓄雅致,虽属小景短笺,却仪态无穷。既丰富

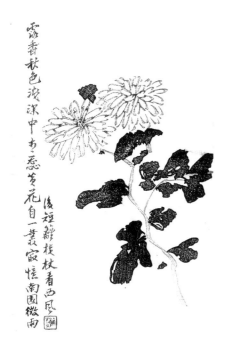

江南苹所作《北平笺谱》之菊花笺

了花笺的内涵,也更凸显了文人花笺的品味。江南苹也是被《北平笺谱》收录作品的唯一的一位女性画家。

雅居张园,江南苹的作品被时人争购收藏。据当时记载,"别署藻韵轩主"的江南苹,"片纸尺素,人争宝之,近年居沪,专攻山水,鬻画自怡"。江南苹一家与当时书画篆

刻界的朋友交往颇多。在当时,有一本刊物叫《青鹤》,由陈灨一⑩(1892—1953)发起并担任主编,江南蘋与杂志有颇深的缘分。从现有的资料可知,《青鹤》杂志于1932年创刊于上海,每月出版两期,其中所连载或发表的文字,均为名家名作,有的甚至为结集出版前的首次面世,具有珍贵的文献价值。第1卷第24期,为民国二十二年(1933)出版。以"青鹤"为名,既是希望这本杂志能如青鹤般"善鸣","借是吉祥之禽之名,唤醒并世士大夫之迷梦"(陈灨一《青鹤周岁》),又是表达创办人对天下太平的期待。江南蘋曾为杂志题写刊名"青鹤"二字,落款为"泉唐江采",流畅的行书,为杂志平添了一股清雅气韵,封面上还专门配发了她的头像,面容清秀,眼神坚毅,上注"吴江南蘋夫人"。这是老派文人的杂志,为杂志题署刊名的有于右任、陈三立、夏敬观等善书而有内涵者。撰

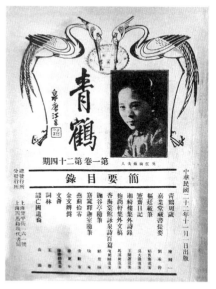

刊载江南蘋头像的《青鹤》杂志(1933年第1卷第24期)

稿人中还有一批国学大师及藏书丰富的目录版本学家,如陈三立、钱基博、傅增湘、刘承幹等。另,民国二十六年(1937),《青鹤》第5卷第7期,在扉页处刊有"吴眉孙先生肖像"。1933年出版的《青鹤》第1卷第8期中,刊有江采的一幅画,所绘山水、书屋,上题"钱塘江南蘋女士绘莼园校书图",并对才女有具体介绍:江女士名采,为义宁陈师曾先生弟子,于山水花鸟翎毛,靡一不工。书法尤挺秀,适吾友寒匏居士。寒匏好摩挲碑帖……女士于染翰之余,伉俪故尝撅笛度曲,余闻之辄曰,是福慧双修也。落款为"甘识"。这里的"甘",应是"陈灨一"的简称。又,张园原为"张氏味莼园",此图或为张园所绘。从频频见刊于《青鹤》的江南蘋作品以及介绍来看,沪居张园,江南蘋那时与沪上文艺界保持密切的往来,留下了宝贵的史料。她的文艺影踪也由此可见一斑。

后来,江南蘋夫妇搬到古拔路(今富民路),从此一直定居在那里,江南蘋与张园的缘分遂告一段落。

---

⑩ 陈灨一,字藻青,号甘簃。

从《无轨电车》到《现代》
——施蛰存两本期刊题跋录

张舒萌

施蛰存（1905—2003），中国现代作家、文学翻译家、著名学者。对于他的评价，多引自他的戏言，一辈子开了四扇窗："东窗"研古文、"南窗"写小说、"西窗"做翻译、"北窗"收碑帖。20世纪二三十年代，施蛰存主要从事文学创作和编辑，不到30岁时已成为"新感觉派"作家中的翘楚，主编的《现代》已成为中国现代派文学主要策源地和当时的文学重镇。

家父张伟（1956—2023）1980年进入上海图书馆徐家汇藏书楼工作。20世纪80年代末，上海图书馆本着为馆藏添光彩，为历史留下见证的宗旨，开展了馆藏珍刊征求题跋工作。1988年6月，张伟走访施宅，带去施先生早年所编《兰友》《无轨列车》《现代》三种期刊，请其题跋。时年84岁的施蛰存看到半个多世纪前的旧物很是高兴，随即写下小品文字。有关《兰友》的题跋内容，家父早年曾撰文《蹒跚在新旧文学之间——施蛰存题〈兰友〉》[1]，笔者亦写过一篇小文章《父亲张伟与施蛰存先生的二三事》[2]记录此事。此次，笔者整理张伟工作底稿及日记，将题跋过程及施蛰存先生主编的

1997年2月25日张伟拜访施蛰存

---

① 收录于张伟：《尘封的珍书异刊》，百花文艺出版社2004年版。
② 刊载于《澎湃新闻·翻书党》，2023年11月19日。

另两本期刊梳理披露于读者。

告别旧文学,怀抱新文学:带有先锋意味的《无轨电车》

1987年,上海书店筹备出版《中国近代文学大系》,请施蛰存担任翻译卷的主编。施蛰存点将要我父亲担任他的助手,协助其编纂。自此以后,我父亲和施蛰存来往更勤,经常通信,每月大约总要去愚园路上的施宅一两次,汇报编辑事务。工作之余,父亲也得以有机会向施先生求教早年创作历程。

1922—1923年间,施蛰存、戴望舒、张天翼等一批兰社同人在倾慕模仿鸳鸯蝴蝶派的同时,也受到了"五四"带来的新思潮的浸润。年轻的兰社同人们一边向登载率更高的鸳派杂志投稿,一边从鲁迅、叶圣陶、冰心等新文化运动作家的作品中获得给养。1923年9月,施蛰存进入上海大学读书。彼时的国共合作机遇造就了上海大学的先锋气质。受到新风气、新思潮的熏陶,施蛰存开始大量接触新文学,也开始大量阅读外国文学作品,甚至自己尝试翻译。1926年3月,施蛰存、戴望舒、杜衡三人创办同人刊物《璎珞》,这是他们的第一本新文学同人刊物。1927年,施、戴、杜三人受到"四一二"反革命政变冲击逃到松江,结识了"左联"领导人冯雪峰,受冯雪峰影响,几人敲敲打打,本想出版一本《文学工场》,但因为内容太过激进被书局老板婉拒。

1928年,戴望舒和施蛰存先后回到上海,搬入好友刘呐鸥的家中。刘呐鸥是我国台湾人,从小生活在日本,家庭殷实,眼界开阔,喜欢文学和电影。几人住在一起,日夜畅谈十月革命以后兴起的苏联文学,还有新流派的资产阶级文学。看电影,就聊德、美、苏三国电影导演的新手法。

1928年9月,施蛰存、戴望舒、刘呐鸥三人自己开办了第一个书店"第一线书店",主推一本自办刊物。刘出钱当老板,戴当经理,施当营业员。"书店只有一间店堂,开幕时出卖的只有《无轨列车》创刊号。过了几天,向四马路各家新文学书店批购了几百本书来充实货架。"③

---

③ 施蛰存:《我们经营过三个书店》。

《无轨列车》的刊词中列明了这本期刊的定位:"诸君:你恐怕还不曾有一种称心的小杂志。你们要时常看看好的创作小说吗?你们喜欢读音韵铿锵的诗歌吗?你们爱流利的散文随笔吗?你们喜欢看欧美日本各国现代的名著吗?你们也想领受些尖锐的讽刺文里的机智吗?你们愿意花一些小费每半个月得到一本能满足你这许多欲求的最精致的小刊物吗?我们知道,你们一定愿意的。所以你似乎应当有一份《无轨列车》。"④《无轨列车》中既有革命文学,又有尖端文学。此前因《文学工场》夭折的文章后来在《无轨列车》上重新刊载。只可惜,《无轨列车》只印了八期即被迫停刊。第一线书店也只开了两个月就被政府喊停,"查该第一线书店有宣传赤化嫌疑,着即停止营业"。⑤

　　1988年6月22日,父亲午后访施先生,谈《中国近代文学大系·翻译文学集》事,并带去《兰友》《无轨列车》《现代》等三种期刊,请其题跋。7月2日父亲日记所记:"午后至施蛰存家,商量大系事。请其为《兰友》《无轨列车》和《现代》三种期刊写的题跋已全部写好,逐一拜读,甚有意义。这件事现在更觉有意义,可惜的是已经进行得太晚了,很多著名人物已先后故去,如早五年进行,收获一定更可喜。今年准备至少完成五十种期刊的题跋,全部完成大概可有一百种左右。即时作一番整理,将成为上图的珍藏品;还可以将全部题跋影印出书,开展览会,现在应该注意的是写下一些背景材料,以备将来使用。施先生赠其所译《间谍和卖国贼》一书。……"

　　父亲拿去找施先生题跋的第二本刊物,即是《无轨列车》的创刊号。在这本上图珍藏的《无轨列车》创刊号上,施先生留下笔墨:

　　　　1928年我与二三友好创办此刊,出版八期,即遭禁止,迄今六十年矣。徐家汇藏书楼犹保存此刊全份,今日得展阅,引起青年时回忆不少。

1988年6月20日
施蛰存(印)

　　1928年对于施蛰存和戴望舒两人而言都是值得纪念的一年。1928年初,施蛰存的小说《绢子》在《小说月报》上发表,"这对我鼓舞很大,从此我就脱离了鸳鸯蝴蝶派刊

---

④　第一线书店刊《无轨列车》。
⑤　施蛰存:《我们经营过三个书店》。

物,挤进了新文学运动的队伍"⑥。同年,戴望舒那首著名的《雨巷》也得以发表,这批文学青年羽翼逐渐丰满,逐渐被文坛主流认可,他们的文学才华开始为世人瞩目。

上海图书馆藏《无轨列车》创刊号书影　　　　上海图书馆藏《无轨列车》施蛰存题跋

天时、地利、人和:现代而多元化的《现代》

　　早年间,施蛰存等人受到左翼思潮影响,戴望舒与杜衡还参加了左联成立大会,成为左联的第一批成员。但是,施蛰存等人理解、尝试创作左翼文学更多的是在新兴文学、尖端文学的范畴内理解左翼文学。追求时髦的新事物,远胜于对革命的信仰。在1928年、1929年,施蛰存既创作了《鸠摩罗什》《将军底头》这些侧重心理分析的个人代表作,也尝试发表描写劳动人民的小说。"接下去,为了实践文艺思想的'转向',我发表了《凤阳女》《阿秀》《花》这几篇描写劳动人民的小说。但是,自己看一遍,也知道是失败了。从此,我明白过来,作为一个小资产阶级知识分子,他的政治思想可以倾向或接

---

⑥　施蛰存:《关于"现代派"一席谈》。

受马克思主义,但这种思想还不够作为他创作无产阶级文艺的基础。"[7]从这些文字以及施蛰存之后的一些访谈来看,施蛰存更坚持文化上的自由主义,而不是鲁迅那样的把笔杆子当武器的英勇战士。

1932年初,淞沪抗战爆发,上海的经济、文化都遭到很大破坏,文艺界凋零。上海现代书局此前尝试的左翼刊物及偏向国民党的刊物都举步维艰,书局经理张静初急于办一本文艺刊物,借以复兴书局的地位和声誉,于是他写信给施蛰存。"他理想中有三个原则:(一)不再出左翼刊物;(二)不再出国民党御用刊物;(三)争取时间,在上海一切文艺刊物都因战事而停刊的真空期间,出版第一个刊物。他考虑一番之后,决定写信找我。我没有加入左联,左联成立大会上没有我的签名。我和国民党没有关系。我有能力在短期内编起个文艺刊物,他看过我编的《新文艺》,他以为像这样倾向的文艺刊物是适当的。"[8]

凭借着文艺刊物真空期的"天时",上海汇集了众多作家的"地利",以及施蛰存与各方人士存在联系的"人和",《现代》火了。创刊号再版两次,销售六千册,这是当时文艺刊物发行量的新记录。最高峰时,《现代》一期销售量过万,成功地为现代书局收获了经济效益和声誉。施蛰存在创刊号的《创刊宣言》中主张:"因为不是同人杂志,故本志并不预备造成任何一种文学上的思潮、主义或党派。因为不是同人杂志,故本志希望得到中国全体作家的协助,给全体的文学嗜好者一个适合的贡献。"《现代》杂志确实像他说的那样,所刊载作品的作者既有鲁迅、郭沫若、茅盾、冯雪峰等革命作家,又有巴金、老舍、叶圣陶等进步倾向的作者,还有沈从文、胡秋原等自由主义知识分子。就作品内容而言,《现代》既介绍世界各国流行的文学情况,又有现实主义文章,还有施蛰存等昔日同人喜欢的新感觉派及现代派文学。汇集各路知识精英、包容各种文学流派的《现代》无疑是现代而多元化的。

50年后的20世纪80年代,上海书店重印全份《现代》,施蛰存撰文《读〈现代〉重印本书感》:"现在上海书店正在继续进行保存文献的工作,最近印出了全份《现代》,承主持人好心,送了我一部,使我以垂暮之年,还有机会摩挲旧业,回顾一下五十年前的文学踪迹。翻阅一过,我发现这个刊物,在今天看来,还不像是个过时了五十年的刊物。有

---

[7] 施蛰存:《我们经营过三个书店》。
[8] 施蛰存:《我和现代书局》。

许多文艺问题,当年热烈讨论过,现在也还在讨论。有许多作家,当年是新的青年作家,现在已是著名的老作家。有许多外国作家,当年是作为新兴的进步或时髦作家被介绍过来的,现在也还是在他们本国被尊为有影响的老一代作家。有许多艺术家,他们的作品,当年是作为新兴进步艺术被介绍过来的,现在也还是继起无人的艺术大师。"⑨

一本文学期刊,50 年后还继续重印并有生命力,是难能可贵的。1988 年,在我父亲带去的《现代》杂志上,施先生再次提笔:

> 《现代》全份已有上海书店影印出,对文学史研究者极有裨益。此乃当年原刊本全份,阅世六十年矣。展玩一过,回首前尘,恍如梦中见故人。
>
> 1988 年 6 月 20 日
> 施蛰存(印)

上海图书馆藏《现代》创刊号书影

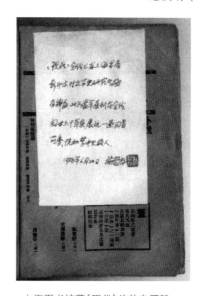

上海图书馆藏《现代》施蛰存题跋

---

⑨ 施蛰存:《读〈现代〉重印本书感》。

2003年11月19日,施蛰存离世。去世前不久,施先生任教半世纪的华东师范大学为他举办了百岁生日庆祝会,会上播放了老人在病床上接受问候祝福的录像。片尾,施蛰存大声地对前来看望他的晚辈说:"作家只能是时代的,我的时代过去了。"

诚然,作家是属于时代的,文学也是属于时代的。每一个时代都有属于自己的当代文学。若非中文系专业或文学史研究者,很少有人会去阅读百年前的文字,若非整理父亲30年前的工作底稿,我也不会去图书馆追寻一位文学大师的足迹。但翻阅这些史料和父亲留下的资料,总能体味到历史的沉淀与温度,借用施先生的话:"展玩一过,回首前尘,恍如梦中见故人。"正是一代又一代的薪火传递,使文化得以传承与发展。百年沧桑,施先生本身已作为海派文化的脚注被记入历史。

《我的家乡》巴金题跋本

苟道勇

靳以,原名章方叙,1909年生于天津,曾就读于天津南开中学,后考入复旦大学国际贸易系,在读期间,积极参加新文学运动,并开始文学创作。1933年,靳以在北京与郑振铎合编《文学季刊》,并担任《水星月刊》编委。1935年在上海与巴金合编《文季月刊》《文丛》等杂志。

靳以的诗集《我的家乡》,1938年10月由烽火社印行,初版仅500册。"八一三"事变后,上海的《文学》月刊、《中流》半月刊、《文季月刊》、《文丛》月刊、《译文》月刊联合起来,于1937年8月25日创刊《呐喊》周刊,出版两期后,改出《烽火》周刊(后又改为旬刊),由茅盾、巴金负责编辑和出版工作。1937年11月起,烽火社开始编辑出版"烽火小丛书",由靳以主编,文化生活出版社刊印及经售。《我的家乡》为"烽火小丛书"第十种,收录靳以所创作的长诗《我的家乡》,以及《他们是五百个》《我告诉你,你日本人》《给日本兵士》等诗歌。

长诗《我的家乡》最初发表于1937年8月29日的《国闻周报·战时特刊》第3期。抗战爆发后,《国闻周报》为"适应时事迫切的需要,特临时发行《战时特刊》三日刊,希与全国爱国同胞共商抗敌救亡的大计,并随时以全面抗战的翔实记载,绍介给读者"。并于8月23日发行了《战时特刊》创刊号。《战时特刊》每逢三、六、九日出刊,至9月29日止,共出版了12期。受战事影响,邮寄受阻,故《战时特刊》仅在上海发行。

在诗歌中,靳以奋笔写就他对日本侵略者的愤懑,以及对抗战的支持和声援。长诗《我的家乡》分为四段,开篇气

《我的家乡》书影

势磅礴,直斥侵略者之暴行,以及对沦陷后的故土的牵挂:

我极目遥望,遥望我的家乡,

天边白云下,肥沃的土壤;

小麦、玉蜀黍、水田稻、红高粱;

为那广漠无垠的大平原,

织好深绿浅黄的衣裳。

长诗的第四段,描写了津城百姓惨遭屠戮的场景:

破了家,亡了国,从此都是

一个个待宰的羔羊。

我恨,恨不能掬来死难者的血

涂在那些没有心肝人们的脸上,

要他们知道,这有仇,这有恨。

靳以为《我的家乡》这本薄薄的小书题写了书名,封面为版画家蔡若虹木刻《血的哺养》。更为难得的是,巴金在封二题跋道:

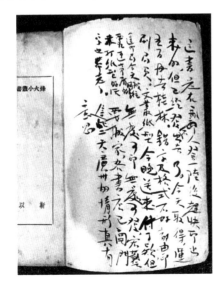

《我的家乡》巴金题跋

《我的家乡》版权页

这书是在敌人登陆后赶快印出来的,但已经发不出去了。今天取得,运五百册去桂林。错字及格式不好,都由印刷局负责。"文丛"纸型今晚送来,付了款,但无处可印,无处可发,宏艺要搬家(这印局今天搬往西北,连茅盾那书的未打纸型的活字也带走了)。各书店已关门,这些天广州的情形真有意思。

从巴老的跋文中可知当时情形,因战事影响,物资匮乏,故靳以《我的家乡》一直拖到第二年才印刷出版,在广州印就后运往桂林,途中遭遇战事,悉数尽毁。我所收藏的这本书,因巴金提前寄给赶赴重庆的靳以而免遭炮火之焚,存世仅此一册,殊为珍贵。

《中国文学史大纲》版本考

谭 篪

谭正璧(1901—1991)的《中国文学史大纲》出版至今已整整一百年了。它是谭正璧编写的第一部关于中国文学史的著作。"因供教学需要,编了一册《中国文学史大纲》,出版后即有日本井上红梅译为日文。后曾被推为国内第一部用白话文写的中国文学史,又是第一部由上古文学直叙到现代文学的中国文学史。此书频年重版,直至中华人民共和国成立初期才告停版。"①同时此书也是第一次将通俗文学纳入其中的中国文学史。

1925年,谭正璧所著的《中国文学史大纲》,由泰东书局初版发行,由光华书局再版,这两个版本,我都未能找到。自第三版起,由光明书局出版发行。

原来家中保存了好多版的书,父亲生前身后,先后捐赠给上海文史研究馆、北京现代文学馆、上海图书馆、嘉定图书馆、嘉定档案局等多处,捐赠时我都没想到现在会去考证,所以都是随机捐赠的。现在我手里尚有四本不同的版本,三本是家中保存至今的,另有一本是近年我从网上淘来的。

这几天拿出来仔细地翻阅,有了不少的新发现,兹记于下。

一、1926年的第三版

"中华民国十六年四月订正三版"。正文前有"三版附记",落款"一九二六·一一·五下午记于三径草庐";后有"自跋",落款"一九二五·四·十七晨编者叙于沪西小刘家宅"。全书正文176页,文后内页有"出版兼发行者光明书局"字样。

"自跋"作于1925年4月17日,相当于初版本的序言:

---

① 谭正璧:《煮字生涯六十年》,选自《煮字集》,东方出版社2019年版。

这本书并没有什么特异之处，不过聊以充数而已。我自信是一个十分爱好文学的人，而且除了文学以外，也别无其他爱好。作文学史本不是一桩易事，而作《中国文学史》，要从荆棘中开除出一条平坦大道来，尤其是一桩难事。我为满足我爱好文学的欲望起见，不畏难地将这桩难事，自己肩任了。

作书的时间，是在去年的春间，那时我正在上海某中学校担任课程，

1926年出版的《中国文学史大纲》第三版书影

那时的著作欲自然是格外浓厚的，而况我又正在具有好高骛远的意志的青年期？作书的地点，是在上海闸北某里内的一间小楼上，窗外某大印刷所的机器轧轧响，一天到晚，从微风中送来；和窗外一座养病房的墙壁上的青艳的常青藤，在骄阳下呈露她缠绵的舞态；尤其使我掀起无限的著作的野心。虽然几乎整日埋头在故纸堆中，兴致是始终一般浓厚的。

重大的帮助，除了数千百册的书籍外，要首推慧频。她虽然年稚，对于学问还没感到专门的兴味；然她对于我所爱好的任何事物，都也竭力地去爱好。因此，在我编本书时，材料的抄录，和整理参考书，几乎完全是她的功绩。在她由此也感起不少的赏鉴文学的兴趣。这么一来，或者已足够算作给她的一种有意义的报酬了。

"去年"——1924年；"上海某中学校担任课程"——神州女校；"作书的地点，是在上海闸北某里内的一间小楼上"——"沪西小刘家宅"，即宝通路顺泰里五巷31号亭子间。笔者多次前往探寻，这个地块已经动迁，据说这"顺泰里"会作为历史保护建筑保存，但愿如此。

"三版附记"指出：

本刊初版，发刊于去年九月底，到现在恰好是一年多，在我自己也不曾预料到，现在已不得不由再付之三版了。在发行方面，果然值得欣喜的；而在著者方面，却

感受了许多无谓的寂冷的悲戚。

……

在著者的本意,再版之后,本不想再印,而拟完全改作,届时当能不乏用他人之批评作参考,以臻于较美(全美当然是世上没有的事)。但是,失望了,自己所发现的差错,是极微小的,即依之改正,也不见得比原稿完美了几何。然而在读者方面,因发行所售完已久,而眼巴巴地期待着,却不能不有以酬其盛意。于是,不得不将原版订正若干差误之字,仿疑古玄同重印《文字学音篇》之例,将陆君所指点和自己所发现的谬误及失漏略记于卷首,以免再自误误人,而稍减轻著者对于读者的期待和责任心。然而著者的本意,却仍然是万分抱歉而不满意的。

可见,对本书的正误,即在这篇"附记"的第二部分,这里就不引录了。

二、1931 年的第八版

"中华民国二十年三月改订八版,中华民国廿年九月十三版"。正文前有"改订八版序"落款"一九三〇・十二・三一・正璧于黄渡";书后没有了"自跋"。全书正文 180 页,文后内页有"发行者王子澄,印刷者光明书局……"字样。"改订八版序"中说道:

这本书的初稿,作于民国十三年,而出版于明年的秋天。不料不到二年,即由再版而三版。在我的本意,再版之后,就需改作,后来没有空闲的时间,只写了一篇'三版附记',将书中的谬误叙明,即付刷印。本来三版即可以停刊,但我不能阻止发行者的盛意,也不便使购读者失望,所以以后还是继续出版。到了去年,《中国文学进化史》编成,本书正六版出书。在这时候,又有许多学校向发行所大批购买,作为教科书之用。一天我正在上海,看见这种情形,于是又不得不硬硬头皮,付之七版,而一面就决定再改正发行。

这次的改订既属迫于不得已,于是不能不竭全力以从事。改订的结果,第一、第九、第十、第十一四章(占全书五分之二)几乎完全重作,而所收材料,迄于当代为止。中间新材料的加入——如弹词的叙述——及谬误的补正,每章都有好几处。虽不能说尽善尽美,但也可告无罪于读者了。

由此可见，此书一至七版是相同的，只是在"三版附记"中"将书中的谬误叙明"。而自第八版起是做了较大的修订的版本。

以上第一、第二个版本都是全文列十二章，小标题及内容则有不少变动。

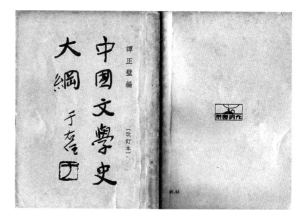

1931年出版的《中国文学史大纲》"改订本"书影

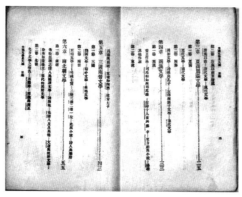

第三版目录（部分）

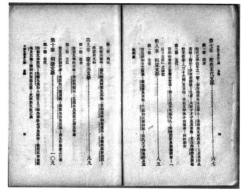

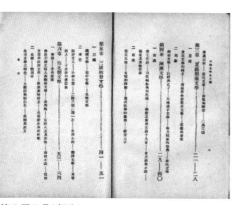

第八版目录（部分）

三、1945年的"最新编订本"

"民国卅四年十月五日付印,民国卅五年一月初版发行",第一页正面上首有"最新编订本"字样,下署"上海光明书局印行,民国三十五年一月初版";反面有"印刷者光明书局,发行者光明书局"。第二页正面为"例言",反面有一篇"本书编者特别声明"。全文后有"一九四四年九月十五日修正完毕",文后即封底,底上有光明书局标记,全书正文117页。这几天想起对《大纲》的版本作个考查才发现,原来这个版本与上面二个版本的编法大相径庭。

第三个版本的"本书编者特别声明"全文如下:

旧编《中国文学史大纲》,成书迄今,已二十余年,初版于民国十三年,即承各学校采作教本,历年重印,亦将近二十余版之多。但年代既久,材料陈腐,已不甚适用,故乘此之重排之便,重为编撰,俾面目一新。此书出版后,旧编即停止发买,如有人翻印谋利,千里必究!

三十四年十一月九日

1945年出版的《中国文学史大纲》"最新编订本"书影

由此终于明白,此版本已大不同于以前的版本,章节也由原来的十二章,重编为二十章,有了明显的区别。重新编撰后,内容自然也充实了许多,面目自然一新。

将新版目录并内列小标题一并列下:

第一章　古代的诗歌

最古的文字　诗经的性质及其时代　三颂　二雅　国风　周南与召南　诗经以后

第二章　楚辞及其作者

九歌是什么　屈原与离骚　宋玉的作品　景差唐勒及荀况

第三章 神话与寓言
所谓古代小说 神话的断片 古代史籍 寓言与诸子
第四章 由乐府到古诗
乐府的起来 相和歌及其他 五古成立与建安诗人 六朝乐府
……
第二十章 词的复兴
明词一瞥 清初作家 两大词人 浙西派与常州派 清末作家

  这里可以清晰地看到,这个新版已完全推翻了原先版本的构建,等于是重起炉灶,其工作量可想而知。而作者敢于推翻自己以前的思路和见解,其勇气实在使人敬佩。这个"面目一新",亦非想象中的那么简单。

四、网购所得所谓"初版本"

  近年在网上购得一版本,打开封面即正文,文后即封底。封面有书名和作者名,全书找不到出版发行人名讳。"出版社:光华书局"与"出版时间:1936年",亦自相矛盾。书中被撕去连续的多页(第147–152页),书中还有红笔的"眉批",似乎是谭正璧的笔迹,另有几处字用墨涂去,不知是否为书名或人名。全书正文176页,与第三版相同。这一本似乎是用作校订的清样,亦可能真是初版本。当时卖家称其为"初版本",所以我就买下,及书寄来后,我感觉不是"初版本",也没细细看过就搁置一边。这几天仔细翻阅后,才有了这些新的发现。书中留下的修改的笔迹确实弥足珍贵。

  这第四本与第三版正文页数相同,显然是同一个版本。

  原中国社会科学院文学研究所的邓绍基教授在《永远的文学史》一文中回忆:"我在初中求学时初次听中国文学史课,采用的教材是谭正璧先生的《中国文学史大纲》,它也是我第一次接触的中国文学史著作,屈指数来,已逾六十年。我当时不可能想到,我以后会与文学史研究、编写工作产生难分难解的'姻缘'。"不知文中提到的是"改订八版"还是"最新编订本"。

  我曾读过马春景先生的专著《一九二〇年代文学史写作探寻——〈中国文学史大

纲〉到〈中国文学进化史〉》,颇有见地,现将文章前的"内容摘要"录此:

谭正璧于1924年完成了《中国文学史大纲》,以此为基础于1929年另作《中国文学进化史》,在进化文学观、纯文学观、俗文学观及新文学观各方面都得到相当程度拓展,其不仅与20世纪初,也与当下文学史写作观念、方法殊为不同,改写过程彰显了1920年代语境下文学史家的无数调试、激进与热望,及"五四"文学史观至今诸多元素的残存和变异。

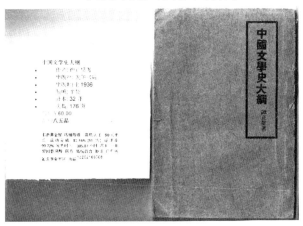

网上购得所谓"初版本"《大纲》书影

页面有批注文字("眉批")

游国恩《对于编写中国文学史的几点意见》曾将其列为"完全以文学的种类和体裁分编标目的"代表作。但此后随着局势的动荡,大一统的文学史的构建,文学史写作、出版、传播、教学系统的单一化,《大纲》和《进化史》皆湮没不可闻。直到2011年上海古籍出版社推出《谭正璧学术著作集》,收入《进化史》而未收入《大纲》。如果按照"一切历史都是当代史"的论断,《大纲》到《进化史》所述恰是1920年代时文学思想变迁史;今日翻开这两本1920年代的文学史,追溯其改写或另写的过程,我们还可以感受那个新旧交替、西学东渐时代的无数调试、激进与热望,及"五四"文学观至今诸多元素的残存和变异。

在文章后面注解中,可以知道,他看到的《中国文学史大纲》是泰东书局1925年版,也就是我一直想要找的初版本。读完全书,可以知道他可能没有看到过"重订八版"以及1945年的"最新改编本"。

这几个版本的书经历了多少动荡的

岁月，保存至今，可见它在作者心目中的分量。泛黄的纸，小号的字，让我这残疾的眼睛无法全部仔细地阅读。加之我亦不是专业人士，退休后才渐渐步入这"歧途"，学识浅陋，无法作出进一步的研究，只能期待于对此有爱好的专家学者或研究者。这几种版本的《中国文学史大纲》究竟价值如何，犹待分解！

《陈蝶衣文集》[①]序言

陈子善

最早知道陈蝶衣先生(1909—2007)的大名,还在整整 40 年以前。1983 年 8 月,上海学林出版社出版了"补白大王"郑逸梅的新著《书报话旧》。书中有一篇《小型报中的〈大报〉》,介绍了 1924 年在上海创办的小型报《大报》的变迁史,文章末尾这样写道:

> 在一九四九年春,又有命名《大报》的小型报出版,馆址设在河南中路三百六十八号。编辑者陈蝶衣。直到解放后,尚出版了相当时期,结果并入《新民报》。

郑逸梅的忆述与史实略有出入。1949 年 7 月 7 日,也即上海解放后一个月又十天,新的《大报》创刊,主编是陈蝶衣。《大报》与另一位海派作家唐大郎主编的《亦报》成为上海解放后经过批准新办的两家民营小报,各以丰富多彩的副刊吸引了当时广大的上海市民读者。直到 1952 年,《大报》和《亦报》相续停刊,陈蝶衣去了香港为止。

但我因此记住了陈蝶衣的大名。随着时光的推移,我的文学史视野不断拓展,对陈蝶衣的了解越来越多,对陈蝶衣众多方面的文学和文化成就也越来越感兴趣。我逐渐知道了陈蝶衣是著名的海上报刊编辑家,大名鼎鼎的《万象》杂志,他是首任主编,他还创办过《明星日报》和主编过《铁报》《春秋》《宇宙》等报刊。同时,他也是上海滩上有名的小报作家,曾先后为数十种小报副刊撰稿。收入《陈蝶衣文集》中的大量题材多样、文笔活泼、短小精练的专栏文字,就是最有力不过的证明。不仅如此,他还是独树一帜的歌词作家,包括流行歌曲和电影插曲,他都是作词高手,曾创下一口气为 1945 年上映的电影《凤凰于飞》创作八首插曲的记录。他到香港后创作的《香格里拉》《南屏晚钟》等歌曲,更是传播海内外,脍炙人口,久唱不衰。

确实,在 20 世纪 50 年代初赴港的海派作家中,陈蝶衣又与包天笑、沈苇窗两位一起,三足鼎立,各擅胜场。《香港文学作家传略》(刘以鬯主编,1996 年香港市政局公共

[①] 《陈蝶衣文集》即将由上海人民出版社出版。

图书馆初版)中的陈蝶衣条目,就开列了他在新闻、文化、电影、教育、播音、诗词等六个方面的贡献,可见他也是研究20世纪50年代以来香港文学和文化不可或缺的重要人物。

综上所述,在我看来,在20世纪海派作家的谱系中,无论从哪个方面看,陈蝶衣都不是可有可无的,而是颇为杰出、颇具代表性的一位。对这样一位联结海上与香岛的特色鲜明的海派作家,至今还没有一部搜集较为完备的文集行世,这在海派文化的多样性、先锋性和独特性越来越受到重视的今天,是难以想象的。

《陈蝶衣文集》涵盖陈蝶衣1923—1995年长达70余年间的文学创作。编者孙莺小姐在详细查考陈蝶衣笔名、穷搜广集陈蝶衣文字的基础上,遵循"以文学体裁分类,以年代先后为序"的编选原则,将之分为两大辑陆续推出。第一辑所编为"低眉散记""茗边手记""炉边谈话""闲情偶寄"四种,系陈蝶衣发表于海上小报和杂志上的各类文字,既有多种多样的专栏文,也有所编杂志的编辑手记;第二辑亦收四种,以陈蝶衣创作的诗词、小说、散文为主,包括香港时期的作品,如《大人》《大成》《万象》杂志上发表的随笔和《香港影坛秘史》《由来千种意,并是桃花源》两部专集。一部文集在手,自可较为充分地领略陈蝶衣文字的汪洋恣肆,绚烂多彩。

应该特别说一说陈蝶衣的专栏文字。海上小报的专栏文字,是海派文学一个必不可少的组成部分,其主要特点是在短小的、数百字乃至只有一二百字的有限篇幅里,往往能跌宕起伏,自有天地。当然,内容五花八门,甚至道听途说者,也屡见不鲜。陈蝶衣交游广阔,与文坛、影界、梨园、剧坛、艺苑,以至政界和帮会都有来往,笔耕又特别勤奋,因此他的专栏文字独具个人风格,上至都市社会大事,下至市民日常生活,均信手拈来,尤以文坛艺苑信息灵通、状写及时吸引人。读一本书,看一部电影,听一出戏曲,他都能写得有声有色。而左翼作家、海派文人和艺术家,更是素描连连,即便只是片断,也写得生动逼真,活灵活现。若说阅读陈蝶衣这些丰富多彩的专栏文字,就能对20世纪三四十年代的上海文坛和社会生态有更具体全面的体认,更真切入微的把握,那绝不是夸张之辞。

我一直致力于张爱玲研究,早已知道陈蝶衣在1944年12月23、24日上海《力报》上连载《〈倾城之恋〉赞》,对张爱玲根据自己小说《倾城之恋》改编的同名话剧,评价甚高。后来陈蝶衣又在1950年7月上海第一届文代会上因分在同一小组而与张爱玲有一面之缘。这次又从《文集》中见到了陈蝶衣数篇关于或提及张爱玲的专栏文字,不能不令我感到意外的惊喜。其中发表于1943年11月14日《繁华报》的《张爱玲熟读〈红楼梦〉》,更值得注意:

> 张爱玲继《倾城之恋》后,又有一新作发表于十一月号之《杂志》,曰《金锁记》,此为程玉霜之名剧,张爱玲以之为小说标题,真是得来全不费工夫。
>
> 《金锁记》以大户人家妯娌叔嫂间钩心斗角之迹为脉络,情调与《倾城之恋》无多大差别。予尝谓张爱玲殆熟读《红楼梦》者,故其所作,受《红楼梦》之影响亦甚深,其写每一人物,必详言服饰之名色。例如,"身上穿着银红衫子,葱白线镶滚,雪青闪蓝如意小脚裤子""穿一件竹根青窄袖长袍,酱紫芝麻地一字襟珠扣小坎肩"之类,《红楼》气息盖甚重。又文中写几个小丫鬟,厥名曰凤箫,曰小双,则宛然《红楼梦》中袭人、平儿之俦也。
>
> 《金锁记》所刊犹上篇,未能窥全豹,以意度之,则下文殆着重在一副金锁片上,既无羊肚汤,又无六月雪,此可以断言耳。

《金锁记》是从1943年11月《杂志》第12卷第2期开始连载的,陈蝶衣读到后立即作出反应,并将《金锁记》与《红楼梦》加以勾连,虽然只有三言两语,可谓慧眼独具,也可谓开张爱玲作品评论风气之先。后来到了晚年,陈蝶衣又在张爱玲逝世后所写的《不幸的乱世女作家张爱玲》(1995年11月《香港笔会》第5期)中坚持自己的观点并加以发挥:

> (沦陷时期)逼于形势,张爱玲不可能为"慷当以慨"作后劲,转而为前导的是:采取了《红楼梦》体裁的笔法,串连人间的缠绵悱恻之故事。笔法,既轻盈,亦倩丽,很快就造成一股风气,发挥了影响力。

陈蝶衣这些言说是颇有启发性的。有趣的是,我与陈蝶衣先生没有正式见过面,只是访港时曾在香港文化界的一次大型聚会上远远望见过他老人家,但我有幸听过他畅谈《红楼梦》。那是20世纪90年代末,为了辽宁教育出版社编辑出版的新《万象》创刊,主其事者嘱我访港时请他老人家以老《万象》创办人的身份为新《万象》创刊号写几句话,或写首贺诗也可以。我到港后打听到他府上电话,致电问候并求稿,他对新《万象》

《陈蝶衣文集(第一辑)》书影

创刊表示祝贺,但坚持不为简体字刊物写稿的既定方针而婉言谢绝。接着,不知怎么话锋一转,就在电话里兴致勃勃地与我谈论《红楼梦》,足可证他一直对《红楼梦》情有独钟。

于是,我就想到,简体字本《陈蝶衣文集》将与内地读者见面,他老人家泉下有知,不会再反对吧?香港和台湾地区都出版过他的书,唯独内地一直没有出版过。《陈蝶衣文集》的问世,终于填补了这个空白,从某种意义上讲,陈蝶衣先生在以他优美动听的歌曲重返海上之后,这次又以他精彩纷呈的文字"叶落归根"了。我猜想他会感到欣慰的。

(2024年10月11日晚观赏陈燮阳先生指挥的上海九棵树爱乐乐团"海上寻梦:陈蝶衣作品音乐会"后初稿,25日定稿于海上梅川书舍。)

《陈蝶衣文集》[①]前言

孙 莺

2019年,我在编《咖啡文录》和《近代上海咖啡地图》时,注意到《力报》上的专栏"咖啡座谈",作者署名是"丹翁"。此专栏虽名为"咖啡座谈",实则闲写身边人事,影人、报人、伶人、女侍,无所不谈。初读,便惊诧于此人对于沪上文艺界及诸咖啡馆之熟稔,且下笔收放自如,跌宕映丽,尤其是诗词,颇有袁寒云之遗风。(后来知道,陈蝶衣是林屋山人步章五的弟子,也曾受教于步章五好友袁寒云门下。)

由"丹翁"之笔名而识得陈蝶衣,才知道1933年中国电影史上轰动一时的电影皇后的评选,就是他发起的。这一年,明星影片公司的胡蝶摘得了"电影皇后"的桂冠。并且,陈蝶衣还策划了"电影皇后"的加冕典礼,以慈善茶舞的形式,募集了一架飞机,捐赠给国民政府。才知道在现代文学史上有着重要地位的《万象》杂志,就是他和冯梦云、平襟亚于1941年所创办的。尤其是当我知道被蔡琴、林忆莲、张学友、张惠妹翻唱的流行歌曲《情人的眼泪》,居然也是陈蝶衣创作的之后,对他萌生了强烈的好奇心。究竟是怎样的一个人,能在如此多的不同领域中有所成就?

由此开始关注陈蝶衣,开始搜集他的文字,从随笔专栏开始,继而是他的诗词和小说,收录了近三百万字。整理文献的过程,其实也是我受教的过程。蝶衣先生洞悉世事人情,却又傲骨铮铮,才学人品自成一格。就某种意义而言,蝶衣先生可算是我的人生导师之一,无论是用情之契阔,处世之坦荡,还是为文之蕴藉,读书之通明,都使我从其文字中获益匪浅。

[①] 《陈蝶衣文集》即将由上海人民出版社出版。

陈蝶衣其人

陈蝶衣,本名陈积勋,又名陈元栋,字蝶衣,号发祥。从《陈氏家谱》可知,陈蝶衣的父亲陈善敬,字康寿,号固穷(古琼),清光绪三十一年邑庠生。原配杜氏,为常州北后街杜翼之次女,生子三,名积劭、积勋(蝶衣)、积勰;生女三,名舒云、瑞云、婉云。积劭和积勰早夭,故蝶衣为善敬公唯一嫡子。杜氏38岁病逝,继室李氏是宁波人。

陈蝶衣生于1909年10月21日,卒于2007年10月14日。原配朱鬘,字铭庆,为宜兴县和桥朱蓉庄长女,生于1912年3月5日,卒于1951年1月18日,终年39岁。陈蝶衣与朱鬘有一子二女,长女陈余湄(力行)、次女早夭、长子陈余震(燮阳)。继室梁佩琼,广州人,生于1923年11月2日,生子三,名陈余坎(志阳)、陈余艮(三阳)、陈余巽(联阳)。

1914年,蝶衣之父善敬公以一封骈四俪六的自荐信,被上海的新闻报馆聘为文书,蝶衣亦随父赴沪,在报馆做练习生,替善敬公抄写文书笔札。工暇之余,蝶衣以笔墨为戏,为《先施乐园日报》《诚德报》《社会之花》《游艺画报》《少年》《半月》《紫罗兰》《新月》《紫葡萄》《绿痕》等报刊写稿。长篇连载小说如《青报》②的《兰陵潮》,《香草》③的《风摧秋筿记》等,虽难脱言情窠臼,却胜在文笔细腻生动,笔墨江山已隐现。

1925年,年仅16岁的陈蝶衣担任《联谊报》④的主编,此后,陈蝶衣经手之刊物数以十计,如《自鸣钟》《东方日报》《金钢钻》《小说日报》《明星日报》《铁报》《万象》《春秋》《海报》《大报》⑤等,其中影响最大的,首推《明星日报》,其次是《万象》杂志。

---

② 《青报》三日刊于1925年6月25日在上海创办,由青报社编辑出版。陈只庵任经理,李剑虹任编辑,发行主任姚肇里,图画主任王玉书、胡亚光、张光聿、王梦其、黄文龙等。李剑虹,号剑翁,在1925年担任"小小电影研究社"编辑,创办了第一份真正意义上的电影报纸《电影报》,1925年8月6日曾在《青报》上声明脱离《上海声》创办人身份,后于1930年又与陈只庵合办了《上海小报》。
③ 《香草》于1925年9月13日在上海创刊。编辑主任为顾明道、姚赓夔,编辑为赵秋帆、刘恨我,经理为张绿波,协理为徐初苏。报馆地址位于上海白克路意平里418号。该报早先为周刊,后定为五日刊。1925年10月30日停刊,共出版9期。
④ 中国青友联谊会出版物之一,社址在汉口路19号。
⑤ 1949年7月上海解放后,冯亦代主办了一份小报,名为《大报》,由陈蝶衣主编。1952年,并入龚之方、唐大郎主之《亦报》,名《亦报》。

陈蝶衣的笔名

陈蝶衣用过的笔名有 30 多个,约略统计,有陈蝶衣、蝶衣、蝶、涤夷、红蕤、裘红蕤、婴宁、婴宁公子、积勋、勋、禾公、勋庐主人、陈发祥、丹蕤、陈丹蕤、织素生、织素、方式、陈式、狄慧、弟弟、陈家小弟弟、沙蕾、唐塑、喜鹊、积雪、卖油郎、活动说明书、低眉、低眉人、血滴子、太上、兰陵残客等。

陈蝶衣笔名的发现,多数从其自述中得知,如"唐塑"和"沙蕾"两个笔名:

> 说也惭愧,我先后以"唐塑"的笔名为《申报·游艺界》写《女艺人群像》,以"沙蕾"的笔名在《社会日报》与王公子讨论改良平剧,虽然都是出之以新文艺的笔调,却始终不敢自承已是个新作家。⑥

循此而溯,则"沙蕾"在陈蝶衣主编的《万象》杂志中亦有出现,1941 年第 1 卷第 1 期的《万象》,发起了"哪一种戏剧是我们的国剧"的讨论,参与者为赵景深、周贻白、沙蕾、郑过宜四人,除沙蕾外,余者三人皆为研究戏剧的名家。彼时还有一个回族诗人沙凤骞亦以"沙蕾"为笔名,故有学者误以为《万象》此文为沙凤骞所撰,实为蝶衣手笔。

陈蝶衣另一笔名"积雪"亦是自其文中所知:

> 玉蓉日间尝来社拜客。愚之访玉蓉,盖亦等于回拜,然愚与玉蓉为羁旅之交,特欲一叙契阔,非真拘拘于礼耳。玉蓉至今犹不忘其昔日所蓄一犬曰"积雪"者,愚当年尝以"积雪"为笔名,玉蓉举以告江枫并小蝶、幼蝶昆仲,使下走为之狂窘。⑦

"卖油郎""活动说明书"之笔名,则是隐现于其文中,经过一番搜寻方才得知:

> 惟近来情怀郁塞,又苦无家边之草,助我清兴(灵犀有草裙之句,殆谓家边草耳)。故《卖油》之集与《遣兴》之吟,久不复作。⑧

经查文献得知,1939 年 12 月至 1941 年 8 月间,陈蝶衣在《社会日报》上辟设专栏《卖油集》,以打油诗为之,笔名为"卖油郎"。1940 年 7 月,陈蝶衣在《社会日报》上辟设

---

⑥ 《小说日报》1941 年 1 月 7 日。
⑦ 《小说日报》1939 年 11 月 4 日。
⑧ 《小说日报》1940 年 9 月 16 日。

专栏《舞榭遣兴吟》,笔名为"活动说明书"。

而有些笔名的发现,则是根据文章内容而判断的,并非蝶衣自述,如"低眉"这个笔名,发现于《繁华报》中一篇短文中:

> 《岳飞》上演之日,《青年日报》当局以一券贻我。《岳飞》为吾友黄河导演兼主演,理应前往观光一番。无如此夕已先向天蟾订座,拟一看周信芳之《鸿门宴》,遂只得以《岳飞》之券,转贻大中华同事梁佩琼小姐,请梁小姐为下走之代理人。翌日,梁小姐语下走曰:"汝以一纸戏券贻我,乃累我热泪如涌。"看戏而看出眼泪来,意者梁小姐平日,当亦是情感重于理智也。梁小姐又言,是晚座前有人,迭问同座者:"蝶衣何以不来?"不知是哪一位仁兄牵记我?⑨

此文署名为"低眉",专栏名为"低眉人语",恰与蝶衣之前的专栏《低眉散记》呼应。由"低眉"而追踪至笔名"低眉人",而又有所发现。在《小说日报》《社会日报》《万象》《玫瑰》等刊物上,皆有署名"低眉人"的文章。

彼时另有南京正中书局徐淘斋者,笔名亦为"低眉人",活跃于南京,文章多发表于《南京人报》,所述以鼓词为主,尤力捧鼓词艺人董莲枝,曾撰文《歌女可杀论》,颇为轰动。此人之文与蝶衣之文,须从内容和发表刊物上加以甄别。

就发表刊物而言,在陈蝶衣主编或任编辑之《万象》《社会日报》《小说日报》等刊物上,不太可能发表与蝶衣同一笔名的他人之文,于情于理皆说不通⑩;就内容而言,可从蝶衣游屐旅居之经历判断,如 1937 年 7 月蝶衣旅居汉口,后辗转粤、港等地,历时一年,于 1938 年 6 月回沪。

《陈蝶衣文集》的内容

陈蝶衣的文学生涯,可分为两个时期,1923—1952 年,为上海时期;1952—2007 年,

---

⑨ 《繁华报》1943 年 11 月 30 日。
⑩ 如果笔名相同,定会加以郑重声明,蝶衣曾就不同刊物上之相同笔名而发过数次声明,更何况是同一刊物同一笔名?

为香港时期。就内容而言，上海时期的陈蝶衣，描绘上海的市井晨昏，写不尽的梨园影院、歌台舞榭、同文雅集；香港时期的陈蝶衣，记述香港的草木春秋，从粉岭到邵氏影业，旧雨新知，无处不相逢。

就文字而言，上海时期的陈蝶衣，为文习以沪语出之，杂以舞榭切口、北里行话、歌台谑笑和市井俚语，语言活泼生动，疏放恣肆。1952年陈蝶衣赴港后，文字明显变得含蓄内敛，或是身在异乡，内心始终有一种无可名状的疏离感，下笔谨小慎微，不动声色，惟稔者方能从其诗句中看出隐痛。当年蝶衣以"老眼看花皆绝色，故人入梦总多情"一诗歆动沪壖，而今回顾其一生，此诗堪称其后半生之写照。

《陈蝶衣文集》第一辑所收录的随笔专栏，大多为20世纪三四十年代的作品。蝶衣出身寒门，以文谋生，无世家子弟好鲜衣怒马、美婢娈童、精舍古董之癖。惟到底文人习性，于诗书食色笔墨皆有所偏爱，尤嗜美食。其小品专栏中，谈吃之文甚多，且多为街头饮食，如复兴泰的牛肉面、顺兴轩的葱油饼、巷口的糖炒栗子、报馆旁的柴爿馄饨等。

彼时小报界盛行身边文学，交游宴戏、观花斗牌，事无巨细，无所不涉。蝶衣交游广，与影界、梨园、剧坛、艺苑、政界、青帮皆有往来，笔下虽寥寥数语，似轻描淡写，然字间却深藏掌故八卦。无论是写孙了红之乖僻，唐大郎之倜傥，周鍊霞之疏放，还是写柳絮与韩菁清之恋，写歌女秦燕之婚变，写文宗山与"林黛玉"之恋爱，句句有余味，篇篇有余意，不让陈定山的《春申旧闻》和陈巨来的《安持人物琐忆》。

如蝶衣笔下的"三五之恋"，"三"即报人冯蘅，笔名凤三、梅霞等；"五"即舞女包逸倩，花名包五，曾鬻歌于爵禄舞场，后以"包涵"之名，在时代剧场主演由张爱玲原著改编的话剧《倾城之恋》。凤三和包五曾为腻侣，故蝶衣有"三五之恋"之说。后《力报》编辑凰四和富商黄维德亦追求包五，遂变成四角恋爱，闹得轰轰烈烈。

少有人知的是，陈蝶衣曾主持过上海福州路上的大中华咖啡馆，无论是女侍、乐队、歌手，还是餐饮、装饰、广告，蝶衣皆亲力亲为。当时名满沪上的女歌手都曾在大中华咖啡馆奏歌，如姚莉、欧阳飞莺、兰苓等，陈蝶衣也因此赢得了"歌女大班"之称号。蝶衣此后开始创作歌词，或许就与这段经历有关。

大中华咖啡馆的座上客，多为文艺界人士，如俞振飞、小杨月楼、王丹凤、潘柳黛、王小逸、金小春、周天籁、任矜蘋、方沛霖、文宗山等，故而在陈蝶衣的随笔中，屡屡述及大中华咖啡馆之见闻,甚至还专门辟了一个专栏,名字就叫"咖啡座谈"。当时正是上海沦陷时期,世事流转,故人沧桑,灯红酒绿下,照见的是一颗颗千疮百孔的心,而这正是陈蝶衣疏淡文字之下所隐藏的痛点,以此观照其后期的香港文字,无一不是以此为基色。

《陈蝶衣文集》的价值

《陈蝶衣文集》的出版,具有重要的学术价值和文化价值。《文集》收录了陈蝶衣1923—1995年间在上海和香港所创作的文学作品,反映了五四文化运动兴起后对上海作家以及海派文坛的影响。

1. 小报文人群体众生相

科举制度的废除,使得读书人失去了安身立命之本,而近代新闻出版业的兴起,报刊书籍的稿费制度,为这些文人提供了生存空间。他们卖文为生,游走于诸报馆和书局,并依据个人的文化背景、生活经历和兴趣爱好等,通过社团、同业、师承、籍贯进行身份认同,在20世纪三四十年代,形成了诸多小报文人群体。

如"《大世界》系"的报人群体,就是其中之一。《大世界》创刊于1917年,主编孙玉声(即海上漱石生)。为《大世界》撰稿的作者,后来成为上海各小报的主干,如《晶报》余大雄、《大报》步林屋、《金钢钻》陆澹安与施济群、《大晶报》冯梦云、《福尔摩斯》吴微雨、《福报》吴农花、《铃报》卢溢芳等。陈蝶衣为步林屋弟子,曾协助步林屋编辑《大报》,亦属"《大世界》系",成为小报文人的代表作家。

《陈蝶衣文集》收录陈蝶衣发表于各报刊中的随笔小品近百万字,全面呈现了当时上海小报文人群体的众生相。

2. 通俗文学运动发起人

《万象》杂志出版后,风行一时,褒者有之,贬者亦不少,有人批评《万象》是"有闲阶级的消遣读物",甚至批评《万象》是迎合低级趣味的读物,将其归为鸳鸯蝴蝶派一类的刊物。为此,陈蝶衣于1942年发起了"通俗文学运动",目的在于"把新旧双方森严的壁垒打通,使新的思想和正确的意识可以借通俗文学而介绍给一般大众读者"。

作为通俗文学运动的发起人和倡导者,陈蝶衣在写作上亦遵循这一原则,雅俗兼擅,文言有之,沪语有之,切口和俗语亦时时出现,具有鲜明的时代气息和生活情趣。

3. 异乡文学的代表作家

近现代海派文人,尤其是小报文人,具有鲜明的地缘性,如苏州籍文人包天笑、周瘦鹃、范烟桥、程小青等,扬州籍文人李涵秋、贡少芹、毕倚虹、张丹斧等。陈蝶衣是常州人,与恽铁樵、吴绮缘、谢豹、余尧坤、姚绍华、汤修梅、钱名山等常州文人,相与往还,诗酒酬唱,形成了常州籍的报人群体。

在上海,陈蝶衣的身份是常州文人,其笔下时时出现故土常州的诸多情状,乡人、乡情、乡土、乡俗,与上海的舞榭、歌场、酒馆、影院交织在一起。其他常州文人亦如此,由此在小报界形成了一种异乡文学的思潮。

在香港,陈蝶衣的身份是上海文人,他思念故人,牵挂故土,信笔写来,无一不是沪坝旧事旧人,与同在香港的卢溢芳、沈苇窗、黄也白、冯蘅、包天笑、高伯雨等文人,形成"南来作家"群体,以《大人》《大成》《上海日报》为阵地,抒写对上海的追忆和身在异乡的漂泊无定之感。

综上所述,《陈蝶衣文集》的价值就在于完整呈现以上三个特质,在现代文学史上,具有一定的开拓和奠基意义,尤其是通俗文学运动的诸多理论,纠正了新文化运动的某些偏颇,揭示了海派文化与传统文化之间不可分割的内在联系。这是陈蝶衣先生对现代文学史最为突出的贡献之一。

新见陈蝶衣笔名考

金传胜

陈蝶衣(1909—2007),江苏常州人,集报人、编辑、作家于一身,大半辈子都在与文字打交道,笔耕不辍。与许多现代文人一样,陈蝶衣写文章喜欢用笔名。若问他一共使用过哪些笔名,恐怕无人能够说清楚。目前有关陈蝶衣的资料对其笔名(别署)的说法不尽相同。

《海派作家人物志》一书介绍陈蝶衣时提到"婴宁公子"这一笔名。宗清元《一代才子陈蝶衣》道:"陈蝶衣,原名陈哲勋,笔名狄薏、陈式、方忾、夏威、明瑶、佩琼、鲍华、叶绿,别号龙城逋客、玉鸳生等。"①方宽烈《多才多艺陈蝶衣》谓:"由于他特别聪颖,记忆力过人,十五岁那年已经考入上海著名的《新闻报》任文书,二十岁时,他的诗词老师步林屋反对袁世凯称帝,从北京返上海挂牌当中医并创办一份刊登小品文和讽世杂文的小型报纸《大报》。步原是青帮大字辈元老,因把报名叫做《大报》。特委他做助理编辑,那时他已在上海好几家报纸副刊发表作品,采用不同笔名,如'狄意'、'积雪'、'过客'、'辛夷'、'蝶花'、'玉鸳生'等(陈原名陈戩,字积勋,号涤夷)。"②学者祝淳翔《丹蘋、雷红和大旂》一文对陈的笔名作过梳理:"他原名陈元栋,一说陈积勋,笔名陈涤夷、陈蝶衣、玉鸳生、狄薏、陈式、方忾、方达、夏威、明瑶、佩琼、鲍华、叶绿等,别号龙城逋客。这些笔名,出自秦德祥所编《高山流水:常州音乐名家》(方志出版社2010年版),编者撰稿时,试图请陈蝶衣本人审读,老先生因健康状况不佳,转由其长子著名指挥家陈燮阳代理。毋庸置疑,这些笔名的可靠性都是相当高的。另外,还有人指出陈氏的其他笔名,如叶凡、辛夷、狄珊、狄慧等等。"③进而考证出陈蝶衣的笔名还有丹蘋、陈丹蘋、但萍。

---

① 宗清:《一代才子陈蝶衣》,载《江苏地方志》2007年第2期。编者注:文中陈蝶衣原名"陈哲勋"可能作者笔误。
② 方宽烈:《多才多艺陈蝶衣》,载《书城》2007年第11期。
③ 祝淳翔:《丹蘋、雷红和大旂》,载《书城》2015年第7期。

孙莺《新见"陈蝶衣旧体诗五首注"》谓:"陈蝶衣,原名陈积勋,号逋客,笔名蝶衣、丹蘋、涤夷、红蕤等。"④实际上,陈蝶衣至少还用过如下 20 个笔名。

一、积勋

1925 年 7 月 12 日,小报《青报》预告:"本埠不日将有《虹报》出现。每期用七色印成,颇为美丽,闻主编者为贡芹孙云。"8 月 14 日,三日刊小报《虹报》(报头印有法文名 L' ARC – EN – CIEL)正式诞生,同年 11 月 29 日停刊,共出 36 期。8 月 17 日的《申报》第 1 版广告《破天荒的〈虹报〉第二期今日出版》称:"这张报是贡氏父子合作的,用七色磅纸精印。"贡氏父子即指著名扬州籍文人贡少芹、贡芹孙父子。

《虹报》中署名陈积勋的文章有《诗中虹解》《时事竹枝词》《本报点将新酒令(集苏东坡诗)》《新声何处去?》《名字问题》《简缥渺生》《陈积勋致贡芹孙电》《移樽就教》八篇。署名积勋的则有《时事竹枝词》《罢工潮》《格杀勿论之广州》《关云长大战尉迟公》《简王一帆》《积勋致芹孙谐书》《答洪红虹》《答无名氏》。除《虹报》外,1924—1931 年间,陈蝶衣署名积勋的文章还发表于《先施乐园日报》《啸声》《金钢钻》《炎报》《幻报》《青报》《拂尘》《联谊之友》《钟报》《现世报》《大罗天》《小小报》《绿鹦哥》《好朋友》《小日报》《笑报》《月宫》《上海玫瑰》《三星》《大报》《福报》《梨园公报》《社会日报》《龙报》等 20 余种小报上,粗略统计约有 100 余篇,涉及小说、诗歌、影评等。沪上著名大报《申报》《时报》和他所一度供职的东家《新闻报》的副刊上也偶有署积勋的文字。

二、勋

"勋"自然是由"积勋"简化而来,主要被用于为报刊所撰的短讯。如 1926 年 10 月 30 日《现世报》第 3 版"五日电报"栏中有积勋的《介绍》《志谢》各一则。《志谢》曰:"承天一影片公司惠赠《珍珠塔》试映参观券四纸,谢谢。"同期刊有两则署名"勋"的短讯,

---

④ 孙莺:《新见"陈蝶衣旧体诗五首注"》,载陈子善主编:《海派(第 5 辑)》,上海大学出版社 2024 年版,第 66 页。

其中一则云:"天一新片《珍珠塔》前后两部,定明后两日在中央试映。"两相对照,可知执笔者为同一人。《现世报》由沈陛云、彭半兰1926年6月1日创办,主编彭半兰,笔名铁头等。10月15日该报第28号《本报紧要启事》宣布:"本报自第二十八期起,将内容整刷一新,特请陈积勋君主持笔政。"⑤11月21日该报第35号《本报特别启事》称:"本报代理编辑陈积勋君,于本期起已正式辞去,馆事仍由彭半兰、沈陛云、韩承明三君照常办理,特此紧要声明。"⑥可知第28号至第34号的《现世报》由陈蝶衣主编。陈蝶衣参与编辑或担任记者的《大报》《罗宾汉》《小日报》亦不时可见落款"勋"的消息或短文,均应是陈氏所撰。

三、积

"积"同样由"积勋"简化而来,主要用于为报刊所撰的短讯。如1926年11月15日《现世报》第3版"五日电报"栏中有署名积、勋的消息各一则,均与艺人谭红梅有关。此前陈蝶衣已在10月20日、11月5日的该报刊发《天韵大新争红梅》《晤红记》(署积勋)。1927年8月15日,陈蝶衣编辑的小报《好朋友》第1号"小告报"(应作"小报告")栏刊有署名积、陈、小、丁的消息四则,估计都是陈蝶衣所写。该报自第2号起,聘苏静庐为副编辑。该栏改称"三日报告",因署名多样化,已难判断作者的真正身份。

四、禾公

前述《名字问题》一文刊1925年10月19日《虹报》第2版,专门谈到作者的别署(笔名)问题,节录如下:

> 我的别署很多。禾公曾一度用过,后来因为别的报纸,也有同样的禾公发现,所以取消了。充耳先生曾在沪报上用过,勋庐主人在先施乐园报上曾用过,现在都

---

⑤ 《本报紧要启事》,载《现世报》1926年10月15日第2版。
⑥ 《本报特别启事》,载《现世报》1926年11月21日第2版。

不用了。除掉兰陵残客和长发其祥室主两个别署以外,新近又题了一个东壁书屋主人,尚未用过。还有一个别署,很像积勋两字的半面,在《风人》报上曾用过二次,除掉芹孙先生以外,恐怕没有第二个人知道罢。

经查,在此之前的沪上报刊有三篇署名"禾公"的文章,分别是1924年6月27日、10月12日《金钢钻》上的《亏肾丸》与《国庆与金钢钻》,1924年12月15日《先施乐园日报》上的《信口开河》。它们是当时陈蝶衣经常投稿的报刊,因而三篇文章应均是他的手笔。1925年后,《金钢钻》《东方日报》等仍有禾公的投稿文章。因陈蝶衣说"后来因为别的报纸,也有同样的禾公发现,所以取消了",他是否重新启用了这一笔名,尚难确定。

五、充耳先生

"充耳先生曾在沪报上用过"中的"沪报"应是指上海的《沪报》。该报问世于1913年10月,由陈阜东、郑端甫、郁慕侠等创办,郁慕侠主编。1924年冬因故停版,1925年春继续发行。复活后的《沪报》改为二日刊,每日两张,聘请李剑虹为副刊《小沪报》主编,"注重文艺及讽刺短隽之作品"。

1925年6月15日《青报》创刊,李剑虹主编,余翼文等助编。7月15日,该报有一则编者《代邮》:"充耳先生鉴:嗣后来续说稿,其中按解句,请勿注为盼。(剑)"但该报未见署名充耳或充耳先生的文章。仅见7月1日刊有陈蝶衣署积勋的《有情对》,7月9日开始连载署陈积勋的小说《兰陵潮》。显然,因陈蝶衣给李剑虹主编的《沪报》副刊供稿时曾署用充耳先生,后者便以"充耳先生"来称呼陈。因未见1925年的《沪报》,暂时难以得知陈蝶衣在该报发表过哪些作品。

六、勋庐主人

"勋庐主人在先施乐园报上曾用过"中的"先施乐园报"应即《先施乐园日报》,"勋庐"当是陈蝶衣的斋名。1924年11月1日《先施乐园日报》曾刊署名"勋庐主人"的《起码常识》。该报还刊有《勋庐浪漫集》《勋庐随笔》《勋庐碎墨》等,均署"陈积勋"。

　　1925年3月8日的《绿痕》上有一篇署勋庐主人的《鹬蚌之争》。这篇文章针对当时的胡憨战争而发,对于中华民国因军阀混战而"弄得四分五裂,千疮百孔"⑦,老百姓无辜遭殃,"一片愁云惨雾"的状况表示愤慨,表现了作者关心时局、体察民瘼的进步立场。同期刊发的还有一幅漫画,题有"非至两败俱伤不止 积勋",说明陈蝶衣的一文一画是同时寄给《绿痕》的。

　　《绿痕》五日刊于1925年1月1日创刊,由曹痴公、黄琢庐、张士杰三人编辑。前身是钟韵玉主编的《绿痕》

漫画"非至两败俱伤不止"

旬刊,原是杭州绿社的第三种刊物,因江浙战争影响而停刊多期。该报"以研究文艺针砭社会为主旨,不谈政治不评隐私"。张士杰在《今后的本报》中云:"今后的本报,一方面攻击文坛里的败类,一方面揭穿社会上的黑幕,一方面研究文艺,及其他一切艺术。"⑧第4期刊有陈蝶衣署积勋的《马后炮》和一幅题为《阔老安息所》的漫画。此后,陈蝶衣又以原名陈积勋发表《颂扬德政》《汪汉溪先生轶事》《欢迎与追悼》。值得一提的是,该刊曾爆发过一场笔战,陈蝶衣卷入其中。第6期上刊有一篇陈飞的《小说界之败类》,攻击陈积勋(文章刊出时编者处理成"陈□勋")的作品多半是从新学制初级国语教科书上抄来的。陈蝶衣连续以《斥陈飞》《再斥陈飞》回应之。

七、长发其祥室主

　　"长发其祥室主"最早用于《金钢钻》1924年5月6日第2版的《噜苏教科书》一文。此前5月3日抱琴轩主在该报发表了《缠夹教科书》,陈蝶衣效其法而成《噜苏教科书》。12月4日,陈蝶衣在《先施乐园日报》再次发表一篇同题文章《噜苏教科书》(署陈积

---

⑦　勋庐主人:《鹬蚌之争》,载《绿痕》1925年3月8日第3版。
⑧　张士杰:《今后的本报》,载《绿痕》1925年1月1日第2版。

勋)。"长发其祥室"应是陈蝶衣当时的斋名。同年4月16日,陈蝶衣曾为《先施乐园日报》撰《长发其祥室呆话》(署陈积勋),8月1日在《馨》上发表《长发其祥诗草》(署陈积勋),7月18日和9月9日又在《先施乐园日报》发表两则《长发其祥室笔记》(分别署陈积勋、积勋)。

1925年至1927年,陈蝶衣一直使用"长发其祥室主"给《半月》《新闻报·艺海》《申报·自由谈》撰稿,以电影消息为主。1925年5月18日《新闻报·艺海》有一则《百合与中华之新片》,末署"长发其祥室","主"字疑似刊落。

八、发祥

1924年9月8日《先施乐园日报》登有一则《长发其祥室笔记》,署"发祥"。据陈蝶衣这一时期投稿的报刊,可断定下列几篇同一署名的文章也是他的手笔:

《月大?月小》,《金钢钻》1924年2月15日第3版;《如是我闻》,《金钢钻》1924年2月27日第3版;《如是我闻》,《金钢钻》1924年3月27日第2版;《循环》,《先施乐园日报》1924年7月27日第4版;《最新百科全书》,《先施乐园日报》1924年8月13日第1版;《危语》,《先施乐园日报》1924年8月19日第1版;《国庆梦》,《先施乐园日报》1924年10月19日第2版。

九、陈发祥

1923年11月4日,严独鹤主编《新闻报·快活林》有署"陈发祥"的一则短文《新笑话》。同年11月29日至次年7月13日,《先施乐园日报》登有多篇同一署名的文章,包括谐著《捧腹谈》、歌谣《武进儿歌》、论说《同舟共济》等。笔者认为,这些文章的作者即陈蝶衣。首先,"陈发祥"显系由"发祥"加上姓氏而来。其次,陈蝶衣的父亲曾任《新闻报》书记员,他中学时就常到报馆帮父亲抄写,15岁(一说16岁)入报馆工作,因此为《快活林》撰稿并不奇怪。《先施乐园日报》则是他早年频繁投稿的报刊之一。最后,陈蝶衣是常州武进人,整理、发表《武进儿歌》自然合情合理。

十、兰陵残客

"兰陵残客"明显源自陈蝶衣的故乡——江苏常州,别称龙城、兰陵。经查,这一笔名最早见于 1924 年 5 月 23 日《新闻报·艺海》的一则电影消息《模范公司新片将出现》。同年 5 月 31 日,署"兰陵残客"的《硕贞记》刊于小报《华风》第 2 版。同期第 3 版还刊有署名"陈积勋"的一篇《兰陵残客吟草》和《落花飞絮集(四)》。9 月 6 日,《风人》小报刊有《润格在那里》,亦署"兰陵残客"。《风人》创刊于 1924 年 5 月 6 日,同样由贡氏父子主办,"以讥讽时事、针砭社会、语近滑稽为宗旨"。

1926 年 12 月 26 日,《现世报》第 42 号刊有"半兰"的《柳为风狂已乱丝》,作者当系编者彭半兰。陈蝶衣读到此文后作《兰因后话》,1927 年 1 月 6 日刊于该报第 44 号。在该文中,陈氏表示"自此之后,予即摈绝此别署而弗用,诚恐春水吹皱耳"⑨。

陈蝶衣是否真的"摈绝此别署而弗用"了呢?笔者发现,1941 年 3 月 16 日至 30 日的《小说日报》连载过"兰陵残客"的《兰陵客话》。《小说日报》1939 年 8 月 15 日问世,由冯梦云、毛子佩、陈蝶衣共同创办。陈蝶衣不仅任编辑,而且先后在该报连载《调冰偶语》《低眉散记》等专栏随笔(偶由漫郎、一方、南宫刀、婆娑客儿客串),因此这位"兰陵残客"非陈蝶衣莫属。

十一、缔缔

1927 年 8 月 15 日,一份名叫《好朋友》的小报问世。该报总经理为张嘉振,编辑主任陈积勋,助理编辑孔玉麟、孙尔源,广告总务梁汉臣。特约撰述人有平襟亚、包天笑、周瘦鹃、张丹斧、严独鹤、孙玉声等,"均为名流,故材料颇佳,惜印刷糊涂,讹字尤多"⑩。创刊号登有署名"缔缔"的《好朋友》,开篇言道:"我们的几位朋友,在上月中忽然发了办小报热,筹备不到半月,一切都舒齐了,要推我任辑务。我在三四年前,对于小报兴

---

⑨ 积勋:《兰因后话》,载《现世报》1927 年 1 月 6 日第 2 版。
⑩ 看报人:《评各小报(二)》,载《笑报》1927 年 9 月 12 日第 2 版。

味,可说是极厚。可是年来因感受着种种的困苦,远没有从前那般兴高彩烈。说到办小报,简直还有些头痛。只是好友情殷,坚辞不获,不得已而勉任其难。"⑪观其口吻,无疑正是编辑主任陈积勋。据 8 月 18 日第 2 号《积勋启事》,陈蝶衣"只司本报编稿之事,不负其他责任"⑫。9 月 10 日,小报《洋泾浜》上的一篇《文人别署》将"缔缔"列为陈积勋的别署⑬。此后,《好朋友》出现的署"缔缔"的文章还有《谈各大报之远东运动会特刊》《三日一人》《姚吉光将脱离〈福尔摩斯〉》《可怜无定河边骨》等。

《海派作家人物志》介绍陈蝶衣:"在小型报圈中,陈蝶衣是属于'元老派'的,但是在最初,他却是以'小弟弟'的姿态出现,他的初期作品发表于二十年前周瘦鹃主编的《先施乐园日报》,那时候他正服务于《新闻报》,在新闻报编辑部中他是年龄最幼的一个,大家都叫他'小弟弟'。他的笔名'蝶衣'也是从'小弟弟'蜕化而来,'蝶衣'是'弟'字的反切。"⑭"缔缔"由"弟弟"谐音而来是显而易见的。

十二、陈家小弟弟

1927 年 8 月 31 日,《好朋友》第 3 版刊登《小弟弟声明》:"小弟弟向不为横报撰稿,《繁花》《新美化》报上之小弟弟,均非鄙人,系另一小弟弟。(按《繁花》报上之小弟弟为严敬文)恐生误会,特此声明。特不知彼辈何故喜袭取他人命名,殊无谓也。(陈家小弟弟启)"9 月 6 日,该报第 2 版再次刊发落款"陈家小弟弟"的《小弟弟再声明》:"小弟弟除曾为已停刊之《现世》《自鸣钟》《梢息》三报及现之《小日》《洪水》《好朋友》诸报及《新闻报》之《快活林》撰稿外,其他各小报,向未撰过只字。迩以各种横式小报上,时有同样署名之小弟弟出现,鄙人殊不敢掠美,特再郑重声明,横式小报上之各位小弟弟,均系另有其人,并非在下,幸勿误会。"

如上文所述,《好朋友》由陈蝶衣主编,故"陈家小弟弟"自然就是陈蝶衣。《繁花》

---

⑪ 缔缔:《好朋友》,载《好朋友》1927 年 8 月 15 日第 2 版。
⑫ 《积勋启事》,载《好朋友》1927 年 8 月 18 日第 3 版。
⑬ 参见祖宗《文人别署》,载《洋泾浜》1927 年 9 月 10 日第 1 版。
⑭ 清音编:《海派作家人物志》,浩气出版公司 1946 年版,第 9 页。

当指 1926 年 11 月 7 日创刊的花界小报《繁花报》，1927 年 3 月休刊，同年 7 月 7 日改为《上海繁花》复活，翌年 4 月停刊。《新美化》三日刊创刊于 1926 年 6 月 24 日，由《人体美》改组而来⑮。由上述声明可知，《上海繁花》《新美化》和其他横式小报上的"小弟弟"另有其人。陈蝶衣之所以要登报声明，当与《上海繁花》被告一事直接相关。1927 年 8 月 9 日，《上海繁花》刊登了一则署名"小弟弟"的花讯，当事人认为纯属造谣，遂对该报主任陈关泉、编辑倪赞黄提起刑事诉讼，"并请饬令被告将小弟弟交案并究"⑯。倪赞黄供称小弟弟原名严敬文，现在南京总司令部政治部服务。因担心造成误会，陈蝶衣特作公开声明。

十三、小弟弟

据上述两则启事，陈蝶衣曾化名小弟弟给《现世》《自鸣钟》《梢息》《小日》《洪水》《好朋友》和《新闻报·快活林》撰稿。其中《现世》即《现世报》，《小日》当指《小日报》，《梢息》则不详。经查，《现世报》共登载 10 篇署小弟弟的文章，包括《记女广告家郁莲青》《〈晶报〉看得起任矜蘋》等。《自鸣钟》三日刊创办于 1926 年 5 月 11 日，编辑主任余空我、许叔良，实际的编辑事宜由王青士负责。署名小弟弟的有《花语》《新妇女现形记》《明星艳史》和一则《小弟弟启事》。《小日报》所刊小弟弟的文章有《潘雪艳将入天韵楼》《冯素莲登台之第一日》等四篇。《洪水》三日刊诞生于 1927 年 7 月，由唐鸿章、马庆舜创办，洪洪水主编⑰，该刊共载有《漱玉含英记》等三篇署名小弟弟的文章。《好朋友》上署小弟弟的文章则有《谈伍凤春》《小长胜大可造就》等篇。《新闻报·快活林》所刊小弟弟的文章有《层出不穷之骗术》等短文。

再看 1926 年 5 月 28 日《自鸣钟》第 6 号上的《小弟弟启事》，全文曰："阅某报刊有《代红情轩老九更正》一稿署名为'小弟弟'，与贱号不谋而合。惟某报上之'小弟弟'，审

---

⑮ 参见《新文化画报》1927 年 6 月 8 日第 2 版"赤裸裸地报告"。
⑯ 《小报界之败类》，载《民国日报》1927 年 8 月 25 日第 14 版。
⑰ 参见《小日报》1927 年 6 月 21 日第 3 版"报告"。

乃刘不恨化名,而《自鸣钟》报上之'小弟弟',则一蹩脚生,并非某报编者介绍语中之大作家也。'小弟弟'不敢掠他人之美,更不敢以蹩脚文字,冒刘不恨之大作家头衔,为此郑重声明,凡题目字迹作周瘦鹃之斜体,而署名'小弟弟'者,刘不恨也;作无派别之总算为隶书之'小弟弟'者,鄙人也。请诸君认明商标,庶不致误,此启。"[18]据同期《本报特别启事》,该报自第7期(号)起"增聘王西神先生为名誉总撰述,以后常为本报执笔,朱茉莉、陈积勋二先生为编辑"[19]。经查,《代红情轩老九更正》一文同年5月25日发表于《钟报》。

1927年6月8日,《笑报》刊出一则《小弟弟声明》,内称:"小弟弟之新署名,何所取义,实不自知,题者乃出诸名妓爱利司老五,因而朋辈均唤我小弟弟。……不料闶不响钟报,亦刊有小弟弟稿,方讶无独有偶。第六期该报,竟有《小弟弟启事》一则,始知更有其他之小弟弟在,用特声明。以前本报、《新新日报》、《钟报》三报,所刊小弟弟稿,均有本小弟弟手笔,自登报日起,即行取消此署。此后倘再有小弟弟署名之稿发刊各报,均非本牌小弟弟作,恕不负若何之责任也。特此声名,读者注意。"[20]"不响钟报"当即《自鸣钟》,因1927年5月28日确为该报第6号。刘不恨即小报文人刘恨我,广东人,曾编《先施公司日报》《新新日报》《虎报》等,并任《钟报》名誉编辑。

《笑报》由骆无涯、王瀛洲先后主编,1927年9月9日第141号后改由张超编辑。张超、陈蝶衣均是步林屋(林屋山人)弟子,过从甚密。10月18日《笑报》"马路电报"中预告:"新北门内沉香阁对面大同票房,定阴历月之廿七日,假闸北更新舞台,举行一周纪念彩排,并出特刊一张,由陈积勋编辑,内容极丰富。"10月21日出版的《笑报》第155号即为"大同票房一周纪念特刊",其中一篇《京剧胜语》署"小弟弟",当是陈蝶衣。

十四、血滴子

1928年4月11日,小报《罗宾汉》第2版刊出《积勋启事》:"不佞在本报撰稿,署名

---

[18] 《小弟弟启事》,载《自鸣钟》1926年5月28日第3版。
[19] 《本报特别启事》,载《自鸣钟》1926年5月28日第2版。
[20] 《小弟弟声明》,载《笑报》1926年6月8日第3版。

'血滴子',并无何所取义。迩闻有人以是三字为报名者,按此报与不佞实风马牛不相及。又该报上之署名为'血滴子'者,亦非鄙人,诚恐引起误会,特此声明。"[21]

《罗宾汉》由朱瘦竹、周世勋创办于1926年12月8日,有"戏报鼻祖"之称。经查,该报署"血滴子"的文字均发表于1928年,计有十余篇,如《武学会之宴》《舞台上之〈山东响马〉》等。同年为《雅歌》三日刊撰稿的"血滴子"也应是陈蝶衣。该报由上海票房中资格最老、成绩最好的雅歌集同人主办,朱瘦竹主编。陈蝶衣是雅歌集社员,曾为1930年《雅歌集廿一周年纪念特刊》撰写《雅歌集彩排赘言》(署积勋)。陈蝶衣还以"血滴子"之名在《大报》上连载小说《新水浒》。

据1928年3月15日、18日的《笑报》,《血滴子》小报由来岚声、钮小鹏、王抱玄、包天白四人创办,最初准备于3月20日出版[22]。后因种种原因,推迟至4月8日始问世,第1期即刊有署名"血滴子"的《软包封箱》。此公可能是报社中人,真实身份待考。

十五、飞蝶

1928年3月8日,《雅歌》第23号刊有一篇署名"飞蝶"的《刘艳琴之宴》,叙述了3月6日晚女伶刘艳琴在会宾楼宴客的情形。作者"于六时半偕世勋兄往,至则刘山农、孙漱石、余大雄、张秋安、徐慕云、郑正秋、余空我、黄梅生、胡雄飞、胡憨珠、张超诸君已先在,旋周瘦鹃、张恂事、郑子堡诸君络续至,先后分坐四席","席散,与瘦鹃先生同辞出,复至桃花宫稍憩,并完成此稿"[23]。关于此次宴会,张超则写了一篇《春风满面之刘艳琴》,云"愚乃偕本报世勋、积勋而归"[24],说明陈蝶衣也参加了晚宴。两篇文章虽表述略有不同,但前篇列出的赴宴者名单中没有"积勋",说明作者正是陈蝶衣。此名同年亦用于《大报》。因"小弟弟向不为横报撰稿",同年《噜哩噜苏》上的"飞蝶"显然另有其人。

---

[21] 《积勋启事》,载《罗宾汉》1928年4月11日第2版。
[22] 参见《笑报》1928年3月15日第3版"马路电报";《笑报》1928年3月18日第3版。
[23] 飞蝶:《刘艳琴之宴》,载《雅歌》1928年3月8日第2版。
[24] 老超:《春风满面之刘艳琴》,载《罗宾汉》1928年3月9日第2版。

十六、蝶

1928年元旦,小报《大报》复刊。该报1924年11月27日由步林屋、徐朗西共同创办,"推徐为经理,步为主编"㉕,1926年冬休刊。复刊后的《大报》聘俞逸芬为编辑,直至5月24日俞氏宣布脱离。此后,"黄梅生君介绍陈积勋、张超,暂行编《大报》辑务"㉖。陈蝶衣编辑该报期间,使用"蝶"名撰写了大量新闻稿件与文章。

十七、衣

陈蝶衣编辑《大报》期间,该报刊有不少署名"衣"的消息,显然亦出自陈蝶衣之手。《福尔摩斯》《大晶报》《诚报》等小报上也有署此名的文章,作者待考。

十八、喜鹊

1936年9月24日,《铁报》第4版"四季风"开始刊载署名"喜鹊"的《随喜集》。文章开头写道:"连晚与溢芳兄听喜娘彩莲的戏(同时当然也看),使我对于喜娘的艺术,有了更深一层的认识。在几位蹦蹦名旦中,论扮相的妍丽,歌喉的甜润,表情的细腻,身段的边式,喜娘在在都胜人一筹,觉得实在有一捧的必要,所以决定从今天起,开始写这《随喜集》。"㉗可见,作者撰写《随喜集》并以"喜鹊"署名,旨在为蹦蹦戏(即评剧)女演员喜彩莲捧场。《随喜集》共有十篇,于同年10月19日结束连载。10月10日,小报文人唐大郎在《世界晨报》发表《随喜》(署"某甲"),开篇曰:"蝶衣兄捧喜彩莲,作《随喜集》。'随喜'二字,为现成名词,蝶衣用之,自有信手拈来,都成妙论之妙。"㉘唐大郎是陈蝶衣的多年好友,并给后者编辑的《铁报》等报刊撰稿,所言自然不虚。由此可知,"喜

㉕ 林华:《上海小报史(三十九)》,载《福报》1928年9月22日第2版。
㉖ 耳报神:《俞逸芬脱离〈大报〉之内幕》,载《福报》1928年5月26日第3版。
㉗ 喜鹊:《随喜集》,载《铁报》1936年9月24日第4版。
㉘ 张伟、祝淳翔编:《怀素楼缀语》,上海大学出版社2020年版,第28页。

"鹊"乃陈蝶衣之笔名。《随喜集》最末一篇《临别赠言：献给尤半狂先生》说尤半狂曾赠作者朱紫霞造像，作者题百字令。经查，陈蝶衣确有《赞朱紫霞艺人》百字令，1936年8月29日初刊《铁报》，9月2日亦刊《小日报》，皆署蝶衣。亦可证"喜鹊"即陈蝶衣。

继《随喜集》之后，陈蝶衣还接连发表《覆尤半翁书》《喜讯一束》《道喜》《喜事》《剧坛新讯》《喜彩莲将出演下关》《喜彩莲出演下关》《喜彩莲来沪作小驻》等，肯定喜彩莲的演技，并对其演出作跟踪报道。12月4日，唐大郎在《铁报》撰文称"喜彩莲以蝶衣芳君灵犀之捧，已为四名旦之冠"。1937年1月，复在《畏友》一文说："芳君、蝶衣之捧喜彩莲，无论如何，其收获远胜于余之捧白玉霜。"㉙陈蝶衣与喜彩莲一直保持联系，直至抗战时期，还撰有《得喜彩莲故都来书》等文。

1941年至1949年，《小说日报》《东方日报》《铁报》《海报》等仍可见署"喜鹊"的文章《喜讯》《电影界两件喜事》《张爱玲将嫁胡兰成》《白玉薇好事近》《瘦鹃先生嘉礼》《毛社长得子》等，主要刊布各界名人的喜讯。陈蝶衣是这些小报的编辑或特约撰述，所涉人物唐大郎、毛子佩多是陈的熟人，因而作者十之八九还是陈蝶衣，只不过"喜鹊"的寓意从最初的"捧喜"回到了常规的"报喜"。

十九、太上

1936年秋，《铁报》同时载有"太上"的系列随笔《灯下随笔》。其中10月8日的一则云："予于本报，尝有《随喜集》之作，此所谓'随喜'，盖佛家语也。"因此，我们不难得出结论：太上 = 喜鹊 = 陈蝶衣。

需要指出的是，"太上"并非陈蝶衣的专有笔名。《社会日报》1936年10月20日登有一篇"太上"的《且住龛胜记》，悼念已故漫画家黄文农。作者在记述与黄的交往时回忆道："厥后余□张光宇正宇昆仲合编《三日画报》，名画家叶浅予君，则又由文龙介以来，时以画稿□贻。"㉚1941年8月，与这篇文章内容相近、同一署名的《追念黄文农画师》分上、下篇刊于

㉙ 张伟、祝淳翔编：《唐人短札》，上海大学出版社2020年版，第65页。
㉚ 太上：《且住龛胜记》，载《社会日报》1936年10月20日第2版。

《力报》。此前的1939年8月间,《力报》登载过"姜公"的多篇《且住龛胜记》。"姜公"是小说家张秋虫的笔名,作者"曩居商报社中"㉛的描述与张氏曾任《商报》副刊编辑的经历完全吻合。因此可断《社会日报》《力报》上同题随笔《且住龛胜记》的作者皆系张秋虫。

《三日画报》1925年8月创办于上海,由张光宇、刘豁公、郑子褒、徐小麟发起㉜。1926年6月29日,该刊第100期登有一篇署名秋虫的《编辑室里》,提到"上海生活社的鲁少飞、黄文农、赵君豪和三日画报社的郑青士、张光宇、张振宇以及区区,这六员大将,同时到齐"㉝。同期刊登的刘豁公《豁庐赘言》谓:"《三日画报》,久以图画优美名于时,文字盖其副也。予昔承乏编辑文字方面,殊无足观。未几,以俗冗辞职,老青继余为之文字,始有精采。今兹老青与秋虫,同主笔政,各就所长,从事著述,而文字足与张氏昆仲图画比美矣。"㉞"老青与秋虫"分别指郑青士、张秋虫。可知刘豁公辞职后,《三日画报》的文字编辑由郑青士继任,不久张秋虫亦参与其中。

除《社会日报》《力报》外,1946年至1949年间的《东方日报》撰稿者中也有一位"太上",经考证亦系张秋虫。如1948年11月17日的《陈布雷之手》一文曰:"余与陈氏相识于二十余年前。朝夕过从,风雨无间,得暇辄共至麦家圈附近二三小总会手谈一局,直至深宵报馆工作紧张时始匆匆言旋。"㉟这里的"报馆"应指张秋虫、陈布雷共事过的上海商报馆。12月20日的《许啸天之一笔来生债》说许啸天、高剑华夫妇合办的《上海潮》周刊曾登过作者小说一种,"未得丝毫报酬"㊱。经查,1921年的《上海潮》确曾刊载张秋虫的短篇小说《良心》。由此可知,小报上的"太上"并非都是陈蝶衣。

二十、织素生

1940年10月至1942年3月间,《社会日报》连载总题为《绮疏草》的专栏随笔,署

㉛ 姜公:《且住龛胜记(二)》,载《力报》1939年8月15日第2版。
㉜ 参见《〈三日画报〉定期出版》,载《新闻报》1925年7月28日第4张第4版。
㉝ 秋虫:《编辑室里》,载《三日画报》1926年第100期。
㉞ 豁公:《豁庐赘言》,载《三日画报》1926年第100期。
㉟ 太上:《陈布雷之手》,载《东方日报》1948年11月17日第2版。
㊱ 太上:《许啸天之一笔来生债》,载《东方日报》1948年12月20日第2版。

名初为"织素生",1941年3月21日起开始改为"蝶衣",1942年3月22日的最后一篇则署"婴宁"。从这一系列随笔的连续性来看,明显出于一人之手,"织素生"当系陈蝶衣的笔名。1940年4月至5月,《社会日报》已刊有署名"织素生"的《宵灯煮字录》,是目前所见这个笔名的最早亮相。"织素生"应来源于他当时的斋名"织素楼"。1940年,陈蝶衣有《织素楼长短句》发表于《小说日报》,署"婴宁"或"蝶衣";有《织素楼词》,署"婴宁公子";亦有《织素楼近作》,署"织素生"。

"还有一个别署,很像积勋两字的半面,在《风人》报上曾用过二次,除掉芹孙先生以外,恐怕没有第二个人知道罢。"笔者浏览了1924年5月6日至1925年10月19日间的《风人》,发现符合"很像积勋两字的半面,在《风人》报上曾用过二次"这一描述的署名仅有一个——负责,其繁体字"負責"确实像"積勛"的半面。署"负责"的两篇文章《春风一度二千圆》《脚画师》,分别于1925年9月9日、10月6日刊发。此后,《虹报》《自鸣钟》《晶报》亦有署此名者。出于慎重考虑,难以遽断"负责"是陈蝶衣的笔名,只能暂录待考。据一位自称与陈蝶衣"素稔"的作者透露,作为《好朋友》编者的陈蝶衣"以外稿来源太少,每期往往须自撰七八篇"[37],这些文章大多用的是化名。同年一篇小报文章说:"在小报上弄弄稿件的朋友,却有一种怪癖气,便是大家喜欢化名,往往一个人弄了十七八个化名,都没有什么稀奇。"[38]连陈蝶衣自己也承认"我的别署很多",那么他肯定还有许多不为我们所知的笔名了。

---

[37] 三四:《陈积勋与〈好朋友〉》,载《笑报》1927年9月30日第3版。
[38] 快人:《包天笑代人受过 蓝不剑不识许天马》,载《快活》1927年3月3日第2版。

双城映像
——香港电影中的上海想象与海派文化精神表达

程 波 马晓虎

一、沪港电影交往的历史源流

香港电影与上海电影同步诞生,1913年,上海新民公司拍摄《难夫难妻》,香港人我镜剧社拍摄《庄子试妻》,于同年开创了中国故事电影摄制的开端。此后,上海的罗明佑和香港的黎民伟于1929年开始合作拍摄了影片《故都春梦》,第二年两人合办的联华影业公司在上海和香港同时注册,极大地促进了沪港两地电影的互动交流。

纵观历史,从宏观上来看,沪港两地大范围的电影互动主要可以分为两个部分,一是上海电影人的"南下",一是香港电影人的"北上"。其中,"南下"主要是因为战争和社会动荡的缘故,先后总共三次,这三次"南下"促进了沪港两地电影的深度交流,也奠定了香港电影的产业基础。

第一次南下主要是在1932年"一·二八事变"之后,日本占领上海大部分地区长达数月之久,在战争的破坏下,本地的制片厂只能歇业,电影从业人员纷纷逃往在当时尚且安全的香港,相应的电影制片业务也就自然被带到了香港;第二次是在1937年,日本全面侵华,上海沦陷,内地大量人口逃难到香港,其中包括进步的左翼影人如蔡楚生、司徒慧敏、欧阳予倩,也包括大批商业电影高手如任彭年、洪仲豪、但杜宇等,这些影人的到来,促进了香港国语片的拍摄,他们在香港成立了"大地""新生"等电影公司,创作了《孤岛天堂》《白云故乡》《前程万里》等抗战影片[①];第三次是在1948年,抗日战争胜利后,与战后上海的动荡的社会局面相反,香港迅速从日本的侵略中恢复了过来,于是一

---

① 赵卫防:《香港电影史(1987—2006)》,中国广播影视出版社2007年版,第45—46页。

部分受到国民党高压政策打压和另一部分无法接受"附逆影人"罪名的电影人,随即"南下"香港,这其中有张善琨、陈云裳、岳枫等人,他们到了香港之后,相继成立了"大中华""永华""长城"等电影公司,拍摄了《三女性》《长相思》《花街》等优秀电影②。

从以上对上海影人南迁到香港的简单历史梳理中,我们发现,上海影人的到来对香港电影最直接的影响除了人才流入,壮大了电影创作队伍外,也丰富了影片片种,还为香港电影的发展提供了技术和资金支持,对重建战后香港电影业发挥了至关重要的作用。而三次南迁更为重要的价值则在于对香港电影界文化思想及创作理念的影响,"当时,上海来的移民将国片建成了香港的一个繁荣产业。50 年代的香港有两个突出的上海电影传统:以意识形态为导向的写实主义;以娱乐为导向的'歌唱片'"③。这也成为香港电影在日后与上海电影的互动中形成"超地区想象"的基础。

此后,香港电影在 20 世纪八九十年代时达到巅峰,引领整个华语电影圈创作潮流,大量拥有专业技术和丰富经验的电影人选择"北上",加入与内地合拍的阵营当中④,其中与上海电影的联系与合作就更加紧密了。实际上,内地的北京电影制片厂和上海电影制片厂等制片企业早在五六十年代就与香港的新联、凤凰等电影企业有过合作。到了 90 年代,北京电影制片厂、上海电影制片厂等大型制片厂和西安电影制片厂等新崛起的中型电影制片厂,面对市场冲击,为了扭转经济困难局面,于是改变经营方针,与香港电影企业进行了大量合拍。就上海电影制片厂来说,曾与香港的思远、豪成、新时代等电影公司合拍了《最后的贵族》《清凉寺的钟声》《中华警花》《活着》《青蛇》《和平饭店》《风月》等影片。

2003 年,CEPA 的签订促使香港与内地电影开始了全面合作。2006 年,香港英皇娱乐集团与上海电影集团公司成立"上海上影英皇文化发展有限公司",不仅合拍电影,也涉及电视剧的制作和艺人经纪。此后,上海天娱传媒有限公司与香港银都机构有限公司合拍了《窃听风云》,上海电影集团与香港的英皇、东方等电影公司合拍了《大灌篮》

---

② 傅葆石、黄锐杰:《回眸"花街":上海"流亡影人"与战后香港电影》,载《现代中文学刊》2011 年第 1 期,第 30–37 页。
③ 张英进:《香港电影中的"超地区想象":文化、身份、工业问题》,载《当代电影》2004 年第 4 期,第 41–44 页。
④ 叶蓝、吕克:《从"繁花"深处看沪港双城深厚渊源》,载《环球时报》2024 年 1 月 20 日。

《叶问》《花花型警》《鲛珠传》等影片,和和(上海)影业与香港星辉海外、泽东等电影公司合拍了《美人鱼》《摆渡人》《决战食神》等影片。

在广泛而又深入的合作中,演员有如成龙、梁朝伟、刘德华等偶像与实力兼具的男明星,也有古天乐、谢霆锋等后起之秀,导演有如徐克、王晶、黄百鸣等著名导演,也有如林超贤、叶念琛这样的新生代导演。通过合拍,他们把香港电影的类型经验、港式人文理念以及营销模式带到了内地,有效推动了内地电影类型创作的拓展、主流电影的提升、产业档次的升级,也给内地观众带来了成熟的商业电影体验。

二、香港电影中的"上海想象"

从历史到现实,在沪港两地密切的电影往来与合作中,生活文化与电影理念以及美学形式相互影响,尤其是风格鲜明的上海地方文化对香港电影创作影响深远,"上海想象"成为香港电影文化表达的一个重要议题。其中不同文化内涵与类型的"老上海""新上海""隐身上海""双城中的上海"等上海想象,在不同历史阶段的香港电影中交织述说,成就了一段段多姿多彩的银幕传奇。在张英进看来,"香港电影与上海的联系,恰可阐释我所说的'超地区想象'。艺术家和批评家们承认香港文化和身份的'多重来源',正表现了这种想象"⑤。

1. 传奇与风情:香港电影中的"老上海"

20世纪三四十年代的上海是中国最现代的城市,常被称作"东方巴黎"或"冒险家乐园",既有十里洋场的繁华景观,也有摩登都市的纸醉金迷,还有抗战背景下的斗争传奇。曾几何时,香港的徐克、张彻、潘文杰、严浩、关锦鹏、许鞍华、陈奕利、王晶等导演将目光回望至20世纪三四十年代的"老上海",形成一股"怀旧"潮流,在各自擅长的故事架构中讲述老上海的传奇,展现老上海的风情。《上海之夜》《上海滩十三太保》《大上海1937》《岁月风云之上海皇帝》《上海皇帝之雄霸天下》《滚滚红尘》《红玫瑰与白玫瑰》《半生缘》《新上海滩》《长恨歌》《天堂口》《大上海》等影片从不同侧面讲述了一个个

---

⑤ 张英进:《香港电影中的"超地区想象":文化、身份、工业问题》,载《当代电影》2004年第4期,第41—44页。

有关老上海神秘、传奇、浪漫的故事,其中既有民族大义的展现,也有对个体命运的关怀。

其中徐克导演的《上海之夜》以《马路天使》和《十字街头》为灵感与素材,讲述了抗战背景下董国民、雪姐、邓仔等上海底层个体的颠沛流离与悲欢离合;张彻导演的《上海滩十三太保》《大上海1937》延续其功夫片的类型风格,以汪伪政府卖国求荣和日本入侵上海为时代背景,重点展现了民族危难之际中华男儿赤膊上阵为国牺牲的英雄气概。潘文杰导演的《岁月风云之上海皇帝》《上海皇帝之雄霸天下》以系列片的架构,依据历史事实,描写了上海青帮大亨杜月笙亦正亦邪、毁誉参半的传奇一生。严浩导演的《滚滚红尘》由三毛编剧,林青霞、秦汉、张曼玉、吴耀汉主演,表面上看电影中演绎的是沈韶华与章能才在动乱上海的奇情故事,实际上是关于张爱玲与胡兰成可以称之为"绝唱爱情"的再演绎。关锦鹏、许鞍华导演的《红玫瑰与白玫瑰》《半生缘》都改编自张爱玲的小说,但不管是留英归来的佟振保与朋友妻王娇蕊和妻子孟烟鹂的复杂纠葛,还是性格内向的沈世钧和顾曼桢阴差阳错的无奈错过,作为故事空间的老上海,既有动荡中的喧闹与浮华,也有平静中的哀怨与苍凉。同样是怀旧,香港电影中的老上海则在1997年香港回归之后,呈现出另外一种面貌。关于"九七后"香港电影中的怀旧,孙绍谊认为"它在'后九七'香港电影中则至少具有两方面的意义:一方面,'怀'上海之'旧'也就是在主流话语及其关于历史进步的允诺后附以问号;另一方面,'怀'上海之'旧'也意味重新反思和定义香港之'新'乃至上海之'新'"⑥。

故而,我们认为,如果说"九七"之前香港电影中的老上海是香港电影人的一种历史文化追忆,那么"九七"之后香港电影中的上海则逐渐成为可再开发的商业文化资源,成为一种在空

徐克导演的《上海之夜》电影剧照

---

⑥ 孙绍谊:《"无地域空间"与怀旧政治:"后九七"香港电影的上海想象》,载《文艺研究》2007年第11期,第32-38,182页。

间环境呈现过程中,以恋旧及恋物为内核的影像编码方式。老上海风格的物质细节被再次包装后,进入电影消费的视野,影像之中的上海也就被重新定义了。具体来说,如《长恨歌》中王琦瑶经常出入的百乐门舞厅,装修豪华、布置精致的私人公寓,以及咖啡、首饰和做派十足的服饰,除了证明她生活如何优渥之外,自说自话的情节推进与故事演绎,让这一切基本上变成了一个个空洞的物质符号。陈奕利导演的《天堂口》更是如此,前辈张彻的《上海滩十三太保》等影片中的民族国家大义,潘文杰的《岁月风云之上海皇帝》等影片中历史事实的密集编织,在《天堂口》中被彻底抽空。片中阿峰、小虎、大刚三兄弟在上海的进退与消亡,完全被黑帮势力斗争和绝色美女诱惑牵制,生死显得轻薄无力,电影中的老上海纯粹成为一个底层平民可望而不可及的欲望之都。总体来看,可以说"它们所想象构建的老上海或老上海氛围都是一种剥离了原地域具体生活形态、游离在具体历史之外的符号空间"⑦。

2. 摩登与活力:香港电影中的"新上海"

相对于传奇与风情兼具的老上海,香港电影中时尚摩登又充满活力的"新上海"往往与作为国际化大都市的景观呈现和空间叙事联系在一起,从历史符号走向现实个体,侧重时代变迁下上海之"新"的形成与转型。《上海假期》《股疯》《如果·爱》《姨妈的后现代生活》《地下铁》《大城小事》《跳出去》等将上海国际化大都市的景观融合进时尚的现代都市故事中,并通过各种现代的生活故事来展现"新上海"的变化以及包容性,展示了一个成长发展、充满活力的都市空间⑧,呈现出一种香港电影与上海文化发生关系的新形态。

《上海假期》和《股疯》主要通过平民生活聚焦于"新上海"又一次的现代转型。《上海假期》中 20 世纪 80 年代中期的上海,虽然已经有了肯德基、可口可乐、进口玩具,电动游戏厅里面也有了"NEW GAME",但是凌乱拥挤的弄堂、汽车很少的街道以及设施落后的校舍,与从美国回来的孙子顾明口中所述的美国形成鲜明的对比,仍然不够现代,

---

⑦ 孙绍谊:《"无地域空间"与怀旧政治:"后九七"香港电影的上海想象》,载《文艺研究》2007 年第 11 期,第 32—38,182 页。
⑧ 汪黎黎:《当代中国电影的上海想象(1990—2013)》,南京大学博士学位论文,2015 年。

仍需建设和发展。《股疯》主要表现了20世纪90年代上海普通市民的股市生活。下定决心想要依靠股市改变自己平凡生活的公共汽车售票员范莉,把希望放在有炒股经验的香港人阿伦身上,最终梦想成真,一家人迁往浦东新居,生活发生了翻天覆地的变化,这一两地联动的情节设置似乎表明香港经验在上海的再次现代转型中起到了至关重要的作用。

同样是关于"新上海"的故事,《地下铁》《大城小事》《跳出去》的叙事重心则在于转型成功的新上海。根据几米漫画改编的爱情电影《地下铁》以象征国际大都会的交通工具"地下铁"为故事空间,以爱情的发生与发展为契机展现全新的都市生活体验。《大城小事》中除了展现周谦与小月"爱情小事"之外,重要的叙事焦点在于对机会众多但是又充满竞争,现代

电影《股疯》剧照

感十足的"大城"上海的影像表现。《跳出去》则着力于周星驰最为擅长的小人物奋斗故事。热爱跳舞的农村少女彩凤之所以最终获得成功,除了个人的天赋之外,上海的包容与多元也同样功不可没。

3. 符号与魅影:香港电影中的"隐身上海"

除了上文所述的"老上海"与"新上海"之外,香港电影中的上海想象也经常以"隐身"的形式出现,那些被直接呈现的上海城市空间与景观,被转换为旗袍、上海话、老式钟表、沪语粤剧等一个个的地方文化符号,成为上海的文化记忆。具体如《胭脂扣》《花样年华》《阿飞正传》《重庆森林》《明明》《功夫》等影片,虽然讲述的是香港故事,但影片中的诸多场景无不显现出香港生活中的上海文化影响。

根据著名香港女作家李碧华同名小说改编的电影《胭脂扣》就是其中的典型代表。虽然故事背景是20世纪30年代的香港,但片中纨绔子弟十二少与石塘咀名妓如花绚烂的爱情故事,明显有张爱玲笔下的海派文学传统与故事人物的影子。《花样年华》看

似描写的是香港生活,实际上影片中洋味十足的西餐馆、老式座钟、老式电话机、制作考究的旗袍等延续的也是旧上海的生活氛围,这与出生于上海的王家卫的生活记忆有着莫大的关系。这一文化征候同样体现在他的作品《阿飞正传》与《重庆森林》中。事实上,电影中的称呼"阿飞"原本是"洋泾浜"的上海话,意思为小流氓,实际上是英文"fly"的意译。不仅如此,片中旭仔的养母说的也是一口地道的上海话。而《重庆森林》中所描绘的城市其实与西南内地城市重庆无关,电影中所描绘的景观与生活更像是旧上海的"副本",气质形态极为相像。

　　以上这些影片文本,无不表明表面上讲述香港故事的电影,无论是故事内容还是影像形式,其实与上海有着千丝万缕的内在联系,显现出香港电影中无处不在的关于上海的"地方感"。"地方感"的概念源自西方的环境地理和感知研究。学者凯文·林奇(Kevin Lynch)开创性地从城市与人的相互关系角度对"地方感"(sense of place)进行了研究,他认为,"一处好的环境意象能够使拥有者在感情上产生十分重要的安全感,能由此在自己与外部世界之间建立协调的关系,它是一种与迷失方向之后的恐惧相反的感觉"⑨。所以,我们认为香港电影中的"隐身上海",更多的时候表现为作为上海人在"离散地"香港的漂泊生活所带来的无根感的一种文化心理寄托,"隐身上海"的多元表达在某些时候甚至形成了故事中角色退守、生息与再出发的起点。正如《功夫》中的阿星就是在虽未特别指明,但是具有鲜明上海特征的"猪笼城寨"(电影《七十二家房客》中主要场景石库门的变体)中医疗伤痛,随后"破茧而出"获得新生,并最终大胜斧头帮和火云邪神的。

4. 联通与互动:香港电影中的"沪港"双城

　　如果说香港电影中的"老上海"

周星驰导演的电影《功夫》剧照

---

⑨ (美)凯文·林奇著,方益萍、何晓军译:《城市意象》,华夏出版社2001年版,第3页。

"新上海"与"隐身上海"分别代表了香港电影中上海想象的某种单一向度,那么《倾城之恋》《阮玲玉》《赌侠2:上海滩赌圣》《黄金时代》《老港正传》《春风得意梅龙镇》《缘,妙不可言》等影片所表现的香港和上海之间的地理关联与文化相通的故事,则是香港电影"超地区想象""无地域空间"的典型代表,成为"双城映像"的直接表达。

罗德威曾经在《感官地理》中将认识空间的方式分为两种:认知绘图和感官地理。对城市来说,认知绘图强调街道、建筑、名胜古迹等地标的重要性,重视认知者的历史和地理知识,是理性的认知;而感官地理是个人色彩的随心游走,是包含游者记忆和情感的感官经验,是感性的漫游[10]。从具体电影文本来说,我们认为香港电影中的"沪港"两地通过影像的联通与互动同样具有"认知绘图"与"感官地理"的双重特征,其中既包含了历史地理的理想认知,也涵盖了记忆情感的感性漫游。

电影《倾城之恋》中,上海富户养女白流苏与南洋华侨范柳原在上海相识,在香港重逢相恋,两人在上海与香港两地几经辗转,最终在太平洋战争爆发之后,在沦陷的香港过上了平淡的同居生活。这正如影片结语字幕所言,反倒是"香港的沦陷成就了她"。电影《春风得意梅龙镇》中,梅龙镇酒家于1938年创始于上海南京西路江宁路口,却在1945年抗战胜利时以"胜利宴"征服美食界之后,随即分崩离析,分别以梅家、龙家、镇家在上海、台北和香港扎根落脚。而几十年后,在梅龙镇大厨李一勺后人李浪的召集下,"梅""龙""镇"三家得以重新联手,重现了当年的"胜利宴"。这不仅体现了香港与上海,更是"三地"的分而不离,文化心脉联通互动的整体性。电影《缘,妙不可言》中,分别来自上海的薇和虹与来自台湾的隆以及来自香港的东四位青年男女,从在上海某电脑商城相遇,到在香港的再次相遇,再到互帮互助共渡难关中的真情显露、终成眷属,影片演绎的不仅是海峡两岸暨香港的爱情故事,更多的是文化相通下的心灵相通。

三、香港电影中的海派文化精神表达

有学者认为,海派文化的形成"在植根于中华传统文化的基础上,上海吸纳了吴越

---

[10] Paul Roda way, *Sensuous Geographies: Body, Sense and Place*, New York: Routledge, 1999, pp. 41–42.

文化和其他地域文化,受到了世界文化主要是西方近现代经济文化的影响逐渐形成了富有上海地方特色的海派文化"⑪。短暂的现代发展史和殖民者的入侵,使上海一开始就成为一座真正意义上的移民之城,"东方与西方""传统与现代"的二元要素融合在一起,所以"中国的现代性"与"东方的西洋化"成为海派文化的基本样态,现代性、开放性、多元的兼容性、与时俱进的动态性等品格依然构筑着今日海派文化的根基⑫。基于此,海派文化往往被认为是一种现代大众文化,其文化精神被主要归纳为商业性、世俗性、娱乐性与技术性,以及意识形态层面的左翼性⑬等。

因为香港与上海在现代城市形成与发展过程中的相似性,同根同源的文化特质,以及持续不断的互动交流,所以,上海的"海派文化精神"往往成为香港电影"上海想象"的精神内核。如《阮玲玉》《长恨歌》《半生缘》对摩登上海爱情故事的世俗表达;《赌侠2:上海滩赌圣》中从香港穿越到上海,以无厘头制造笑料的喜剧娱乐;《姨妈的后现代生活》中上海普通市民生活文化的多元与包容;《老港正传》中信仰马克思主义,思想也倾向于左派的香港电影放映员左向港,从1967年到2007年一直在坚持的爱国之想以及革命传统的价值观念等,多元丰富。

列斐伏尔在《空间的生产》中提出"社会空间"的概念,将空间分成物理空间(自然)、心理空间(空间的话语建构)和社会空间(体验的、生活的空间)。他认为,从根本上讲,空间是由人类活动生产出来的,它不是启蒙时期以来所认为的那种物化的静态结构,而是一种开放的、冲突的和矛盾的动态进程⑭。事实上,在上海电影人"南下"与香港电影人"北上",上海电影和香港电影不断的互动交流中,香港与上海不仅在物理空间上临近相通,而且在心理空间与社会空间上也越来越近,两地文化的一脉相承同样体现在电影的人文表达之中。具体而言,在互动交流的过程中,香港电影中的海派文化精神表达,在不断的发

---

⑪ 李伦新、熊月之、严家栋等:《"海派文化"学术笔谈》,载《上海大学学报(社会科学版)》2005年第5期,第44–56页。

⑫ 汪黎黎:《当代中国电影的上海想象(1990—2013)》,南京大学博士学位论文,2015年。

⑬ 陈卫平:《上海:城市精神海派文化人格形象》,载《探索与争鸣》2003年第7期,第40–43页。

⑭ Philip E. Wagner, *Spatial Criticism: Critical Geography*, *Space Place and Textuality*, in Julian Wolfreysed. *Introducing Criti-cism at the 21st Century.* Edinbourgh University press, China Ocean University Press, 2006.

展与吸纳中,与内核高度相似的香港"狮子山精神"形成一种映照关系。

1979年,由黄霑作词、顾嘉辉作曲、罗文主唱的电视剧同名歌曲《狮子山下》,对同名电视剧集所反映的情感与文化又进行了进一步的提炼和概括。歌词这样写道:"人生中有欢喜,难免亦常有泪,我哋大家,在狮子山下相遇上,总算是欢笑多于唏嘘。人生不免崎岖,难以绝无挂虑,既是同舟,在狮子山下且共济,抛弃区分求共对,放开彼此心中矛盾,理想一起去追。同舟人世相随,无畏更无惧,同处海角天边,携手踏平崎岖。我哋大家,用艰辛努力写下那不朽香江名句。"⑮正是在这首歌曲中,香港人所坚守和信奉的自强自立、互帮互助、多元包容、不惧未来的精神价值观念被完整地表达了出来。这种价值观在香港电影中同样得以表达,如影片《新不了情》中身患骨癌的阿敏天性乐观,意志力坚强,笑对人生中的坎坷与不易;又如在近年来的《点五步》《狮子山上》《逆流大叔》《哪一天我们会飞》《别叫我"赌神"》等香港电影中,狮子山开始作为一个重要的怀旧空间符号,被一再特别地提说,表达出香港电影人的一种意图通过电影重振香港精神的文化诉求。

结语

综上所述,香港电影通过对"老上海""新上海""隐身上海"以及"双城之中的上海"的影像表达,完成了对上海的文化想象,与上海电影形成"双城映像"的密切互动关系,不仅在联通与互动中完整表现了上海的"传奇与风情""摩登与活力""符号与魅影",而且在历史积淀中,上海的海派文化精神与香港的狮子山精神同样形成了内涵相通的映照关系,成为华语电影之间精神互照的一个重要样本。就当下而言,在两地同根同源的电影文化环境下,以及正在进行的互动交流中,上海想象以及海派文化精神仍然对香港电影产生着持续的影响,两地通力合作的《繁花》大获成功就是最好的证明。其所呈现的"上海腔调"既是气质也是态度,阿宝的勇气和成长既属于上海也属于香港。长远来看,香港电影与上海电影的"双城映像"在未来将会发挥更大的艺术效用,显现出更大的文化价值。

---

⑮ 唐佳希:《二十世纪七八十年代香港歌词的时空叙事与身份认同》,载《广东党史与文献研究》2019年第5期,第13-22页。

从"牧神午后"到"游龙戏凤"
——电影《王老五》里的中西音乐运用

岳宇辰　杨新宇

蔡楚生导演的电影《王老五》从 1937 年 2 月开始拍摄,同年 7 月完成,但由于抗战的全面爆发,一直到 1938 年 4 月才在上海上映,同时影片也被剪得支离破碎,连结局也被篡改。尽管如此,《王老五》的艺术价值仍不容忽视,堪称海派电影的经典之作,近年来也越来越受到重视。

尽管《王老五》是蔡楚生第一次尝试拍摄有声作品,但这部影片中的音乐运用已经非常值得称道,尤其是影片中著名的插曲——由任光作曲、安娥作词的《王老五歌》,成了当时脍炙人口的流行歌曲,以至于后来多次被其他电影借用,改编为新的插曲,如《唐伯虎点秋香》(任剑辉、白雪仙版)、《东成西就》等。仅以观众非常熟悉的《东成西就》为例,其中的插曲《做对相飞燕》,相比《王老五歌》,就只有几处节奏上的改动,例如,用四字的八分音符代替二字,或以三字的三连音代替二字等。其歌词对应如下(以 [ ] 标出歌词在旋律中的对应关系):"(粤)美婵娟 千载难见"——"王老五呀王老五"/"(粤)兰麝香气 [使我极晕] 眩"——"说你命苦 [真命] 苦"/"(粤) [你实在] 夸我真不浅"——"[白白] 活了三十五"/"(粤) [雾里之(组成前八后十六的节奏型,占一拍) 花(四分音符,占一拍)] [何值你相] 见"——"[草棚(附点节奏,占一拍) 漏了(组成两个八分音符,占一拍)] [没法] 补"/"(粤) 好姐姐 [渴望与你相见]"——"哎呀呀,[王老五]"。

然而,对《王老五》里音乐运用的研究还相当有限,似乎并没有学者注意到电影开头表现上海码头场景的长摇镜中,伴随着午后波光闪闪的水面和王老五出场的是法国作曲家克劳德·德彪西(Claude Debussy)的著名室内乐作品《牧神午后前奏曲》(*Prélude à l'après-midi d'un Faune*)。

电影《王老五》中的插曲《王老五歌》　　电影《东成西就》中使用《王老五歌》曲调改编的插曲《做对相飞燕》

因此，本文便着重分析《王老五歌》之外，影片中三首能准确识别出曲目名称的音乐：片头码头场景中德彪西的管弦乐《牧神午后前奏曲》（无声源音乐，器乐）；李姑娘生育第一个孩子时的《妆台秋思》（无声源音乐，器乐）；以及王老五醉酒后唱的《游龙戏凤》（有声源音乐，人声）。借助对音乐的分析，或可更深入地探索影片的人物设置、情节构思，乃至主题与思想内核。

一、管弦乐《牧神午后前奏曲》：粗俗的求偶者

《牧神午后前奏曲》在创作上受到法国象征主义诗人斯特芳·马拉美（Stéphane Mallarmé）的诗歌《牧神的午后》（*L'après midi d'un Faune*，1876）的启发，奠定了印象主义的音乐风格，是音乐史上极为重要的作品。这首乐曲 1894 年 12 月 22 日在巴黎国家银行的哈考特礼堂（Harcourt della Société Nationale di Parigi）公开演奏，配有三根长笛、两支双簧管、两支单簧管、英国管、两支巴松管、四只圆号（法国号）、两架竖琴以及由小提琴、中提琴、大提琴和低音提琴组成的弦乐组。德彪西在乐曲中突破了传统的作曲法，通过模糊的调性、富有色彩的音色、多变的节奏与和声，让每一个音符中都包含着情欲与失落，营造了一种不稳定的、仿佛飘浮在空中的音乐氛围，在当时颇具创新性。《王老五》开头部分的配乐就使用了这首乐曲，长达三分半钟。

为什么作品向来以通俗著称的蔡楚生会如此了解西方音乐？事实上，1931 年 8 月

蔡楚生从明星公司转投联华公司后,认识了一批熟谙西方文艺的朋友。例如他在联华公司的同事兼好友孙瑜,曾留学美国,先后在威斯康星大学、纽约摄影学院和哥伦比亚大学攻读文学、戏剧和电影。再如著名音乐家聂耳,也在 1932 年因为蔡楚生说要"拍摄一部'下流'的电影"而对他产生误会,但之后两人成为好友。聂耳更是在蔡楚生导演的《渔光曲》中客串了渔民角色。由此,蔡楚生通过朋友或杂志了解到德彪西的《牧神午后前奏曲》等西方音乐,或许不足为奇。

德彪西在谈及这首曾轰动一时的乐曲时说:"它不是诗的综合……倒不如说它是一系列的场景,从中可以看到牧神的愿望和梦想,在火热的午时激起。"[1]的确如此,《牧神午后前奏曲》对电影的作用可从环境表现和人物塑造两方面来理解。首先,此曲渲染并增强了环境氛围,和电影中的不少场景颇为对应。乐曲一开始,由长笛最初演奏出的主题由半音阶组成,亦存在多处最不稳定的三全音音程关系[2],加之曲子里模糊的转调、和弦解决[3]的缺失等,营造出一种充满情欲的、流动着的氛围。由影子方向判断,电影开场时上海码头的长镜头也是拍摄于午后,与曲中闷热的场景一致;而顺着吊塔的影子,从王老五的脚到警察的脚的摇镜头,伴随着木管黏腻的、愈发急促的旋律,更突出了阳光炽烈的环境。警察在缓慢的、从容不迫的竖琴声中微微转头,强化了他的威严感。几声在音乐空白处恰到好处地插入的汽笛声,也颇似木管乐器的声音效果,可谓导演自己对音乐的"完善"和再创作。

王老五的形象和牧神的形象也多有类似之处。牧神在古希腊罗马神话中是半人半羊的林神,也被译为"林牧神",经常在西方雕塑和绘画中被呈现为拥有羊角、羊耳和羊腿的男性。他的性格玩世不恭,是一个精力充沛的、充满欲望的神。王老五站在码头边看到警察后的皱眉、打喷嚏、做鬼脸,既符合底层穷苦人民的行为,其粗狂乃至有点动物性的举止又颇似牧神常被塑造成的胡子拉碴的莽汉形象。而苦力们搬运货物的场景,也很像驮着货物的牲口在排队前进。纵观整部电影,可以说,其中充斥着呻吟和各种各

---

[1] 考克斯著、孟庚译:《德彪西:管弦乐》,花山文艺出版社 1999 年版,第 15—16 页。
[2] 牧神主题旋律由 #C 通过半音下行到 G,再上行至 #C,再由 G 到 #C,最终停留在 #A 上。在曲谱前调号表面的 E 大调之中,#C 与 G、#A 与 E 大调的主音 E 都构成了三全音的音程关系。
[3] 传统的作曲法要求,不谐和的和弦要被"解决"为谐和的和弦,这一过程称为"和弦解决"(resolution)。

样的喊叫;伙伴们学猫叫;王老五发奋工作感到疲惫,靠在墙边呻吟、喘息、怪叫;乃至王老五捡起缺损的铜板后,动物一般粗野地打响鼻的行为等,亦与牧神的形象如出一辙。1912 年,俄国现代舞蹈家尼金斯基为德彪西的前奏曲所编的舞蹈《牧神的午后》里,牧神也曾几次张嘴、仰头,作呼叫状,或可与之参照。

由此,前奏曲所表现的"牧神的愿望和梦想"更加充实了王老五之情欲的呈现。情欲是影片不遗余力刻画的内容,如现存影像第 9 分 45 秒处伴随着王老五的名字出现的第一句话就是"娶老婆吗",可见王老五对娶妻的渴望非常深,牧神亦然。古罗马诗人奥维德在《变形记》中叙述了牧神午后的故事,与王老五和李姑娘初相识的场景或有可以彼此沟通之处。绪任克斯(Syrinx)是水仙女之一,不愿回应牧神疯狂的追求而最终化为河边的芦苇。黯然神伤的牧神只能用芦苇制作成排箫演奏,寄托对她的爱恋。这一故事也和王老五第一次追求李姑娘的情节暗合:当李姑娘好心为他缝补袖子时,好色的王老五想要"吃她豆腐",亲她一下,却被"雌老虎"的她大骂一顿。阿毛阿福的对话中,"每年到了这时候,就觉得心里那么痒嗖嗖乱糟糟的,那么说不出来的一股劲儿",也暗示了情欲之骚动。第 14 分 55 秒时,王老五身边的阿毛阿福在学猫叫春,猫作为情欲的隐喻也强化了王老五的情欲。

《王老五》开头,《牧神午后前奏曲》中王老五的怪样

同样的,王老五的情欲也经历了阻断,他上扬的眉毛、宽鼻子、大嘴和嘴边的纹路、胡茬,宣泄情感时的怪叫,使他被塑造为一个求偶失败的丑男人:第一次是不直接的,阿福帮他提亲惨遭痛斥;第二次他提了鸡蛋自己去求亲,又被打出、泼水,并以乱叫及哭泣告终。没房子时被嫌弃穷,有房子了被嫌弃丑。或许,李姑娘的身份和水仙女绪任克斯亦有相通之处,她在夜幕下独自唱歌时置身于水,背后是繁花与灯笼;她结婚之前每次出现时都有繁花(应是桃花)做背景;或者在煎药时身边充斥着鸟叫声。

当然,李姑娘非常泼辣,曾用针戳阿福屁股、揪阿福耳朵,这是她身上"母老虎"的一面。同样的,王老五身上也有"反牧神"的一面:为了讨妻,他砸了酒瓶,转而努力干活;在李姑娘来他屋里的时候,王老五把摇篮藏起来了,不想让她知道自己的痴心妄想,没有趁人之危，没有像牧神一样放任情欲；在李姑娘哭泣时也感同身受地心痛；他把屋子让给李姑娘住，算得上是善良的好人——由此可见，王老五形象若有对牧神的借鉴，也只是借用了好色、兽性等"外壳"；其中内在的精神仍然是底层的、平民的、引人尊敬的。李姑娘最终被他感动，"我现在明白了，你才是真心爱我的人"；听闻李姑娘愿意嫁给他之后，王老五手舞足蹈地跳起来，仿佛野兽一般一路怪叫着跑了出去，以此表达喜悦——牧神的形象在蔡楚生的镜头下得到了改造，获得了崭新的生命力。《牧神午后前奏曲》虽看似属于"高雅"的西方音乐，却正与粗俗的求偶者的形象颇为吻合。

二、箫曲《妆台秋思》：以悲衬喜

　　在影片第 50 分 38 秒至 51 分 19 秒处，王老五和李姑娘的第一个孩子出生，这时出现了《妆台秋思》的旋律；而在第 53 分 26 秒至 55 分 45 秒，李姑娘生下第二、三、四个孩子时，旋律却成了《王老五歌》的器乐演奏版。《王老五歌》具有强烈的嘲谑色彩，而《妆台秋思》颇为沉郁，两首旋律是如此的不协调，何以被拼贴在一起呢？并且，影片对于第一个孩子和后面越来越多的孩子出生的画面处理是完全不一样的：第一个孩子出生时，影片中的画面是开花的树下母羊吃草，小羊吃奶，随后切入李姑娘怀抱初生婴儿喂奶的仰拍镜头，因羊有"跪乳之恩"，在中国文化中被视为义兽，所以这段隐喻蒙太奇呈现出一幅其乐融融、散发着自然气息和母性光辉的图景，这段时光也是王老五和李姑娘一生中最后的幸福时光；但随着第二、三、四个孩子的不停出生，家庭负担越来越重，日子越来越苦，影片再次使用了隐喻蒙太奇，但味道已完全不一样，这次将孩子们比喻成了小猫、小狗，甚至小猪，令观众失笑，而《王老五歌》的旋律，是与这种戏谑色彩相一致的。但《妆台秋思》的沉郁却与第一个孩子出生时的幸福感大相径庭。

　　影片中的《妆台秋思》是用洞箫演奏的，但《妆台秋思》本是琵琶曲，是琵琶套曲《塞上曲》的第四曲，深沉委婉、幽雅动听，敷演了昭君出塞的故事。清代光绪年间，李芳园（1850—1899）从很多琵琶小曲中，选出情绪上基本一致的五首独立乐曲："思春""昭君怨""泣颜回""傍妆台""诉怨"，将之组合在一起，命名为《塞上曲》，假托王昭君所作。每首乐曲的标题也做了修改，第四首"傍妆台"被改为"妆台秋思"。1895 年，李芳园把

《塞上曲》编到《南北派十三套大曲琵琶新谱》中。《塞上曲》的五段内容不断递进,从"思春"时对爱情的憧憬,到内心的幽怨,从以泪洗面、思念家乡到哀怨难诉。《妆台秋思》描述的便是王昭君远在塞外、独自一人在梳妆时怀念故乡的场景。王老五死后,李姑娘想必也会如此垂泪吧。

由此,可以说《妆台秋思》一曲寄托了隐忧,埋下了伏笔,暗示了王老五家庭之没落,乃至李姑娘因他的死亡而孤身一人的结局。《妆台秋思》之后,便是这对贫贱夫妻生孩子越来越多、生活越来越苦、日寇入侵等"急转直下"的遭遇,因此第一个孩子后本应幸福的母子影像,却配上了凄凉的、书写王昭君孤身一人的秋思之乐。尽管改编成箫曲之后,凄苦之意有所减弱而更添悠扬婉转,但从小精通民间乐曲的蔡楚生不可能不知道此曲的意涵,也不可能不是通过音乐来委婉表达这一重意思。

这背后,是蔡楚生对王老五一家悲惨遭遇的感同身受,是他发自内心、无法掩抑的感情流露,也是他的大众关怀所在。蔡楚生在1936年的文章《会客室中》道出他的信念:"我就决定我以后的作品,最低限度要做到反映下层社会的痛苦,而尽可能地使她和广大的群众接触。"从此时开始,蔡楚生下定决心要面向群众,带着同情的眼光表现底层群众的生活,也吸引底层观众观看他的电影,因为"在新的见解之下,和这非常的时期中,我们都没有理由可以放弃一些落后的,也正是最主要的广大观众群"④。

影片中,战争爆发前王老五在家中愤然捶桌的一句"穷人! 穷人,穷人就只能等着做炮灰吗?"或可被视为影片的"题眼",乃至蔡楚生想要通过电影表现的"心声"。在这一场景里,导演给了王老五少见的仰拍镜头,而王老五也颇慷慨激昂。蔡楚生在国难当头的时刻,选择了拍摄上海社会底层的穷人,聚焦他们的抉择和反应:他们无法像其他人一样逃难,房子被轰炸,乃至因为不小心脚滑打碎了一箱酒就被扣除工资、失去工作,这些刻画无疑是非常具有人性关怀的。影片中,他们在码头搬运东西时劳动号子的"杭育"声,嘈杂、凌乱而充斥四周,加上生病的阿毛在过木板桥时颤颤巍巍而最终晕倒跌落的场景——蔡楚生很懂得用镜头来制造悬念,牵动观众的情绪——乃至王老五在冰面上滑倒、可怜求情的场景,将底层劳动者的劳动环境非常生动地呈现在观众面前,令人

---

④ 蔡楚生:《会客室中(续完)》,载《电影·戏剧》1936年第1卷第3期。

揪心。此外,朋友阿毛死后,王老五躺在床上对李姑娘所说的"我们,苦到死,有谁来可怜我们呢?"一句,也同样是蔡楚生诚挚的关切之言。随后,夫妻相拥而泣、相濡以沫,成为影片之中人性美的高光时刻。

尽管影片展现的是底层人民悲苦的生存状态,但使用了喜剧的手段,完成了苦难题材的软着陆,避免了左翼电影过于"硬性"的弊端,悲喜交融间,底层百姓的生活跃然银幕上,因此,以喜写悲成为影片最大的特色。在整体"以喜写悲"的氛围中,《妆台秋思》的运用却反其道而行之,以凄凉的音乐衬托美好的时光,成为影片中非常耐人寻味的一处细节,是对艺术辩证法的精妙运用。

三、京剧《游龙戏凤》:大俗大雅的民间风味

影片第 1 小时 6 分 35 秒处,王老五醉醺醺地从酒馆里出来时,唱了京剧《游龙戏凤》的段落:"(念白)凤姐,你原来在这里呀?(唱)好人家来歹人家,不该头戴这朵花;扭扭捏,多潇洒,为君的就爱这朵花。"唱词原文应为"正德帝:[西皮流水]好人家来歹人家,不该斜插海棠花。扭扭捏,多俊雅,风流就在这朵海棠花"⑤,是京剧《游龙戏凤》里正德帝遇到李凤姐并调戏她时的唱段。只因王老五喝醉了,所以有所改写,将"海棠花"改为"这朵花",非常切合当时夜晚、王老五醉醺醺无法记清唱词的情境。

京剧《游龙戏凤》,又名《梅龙镇》《美龙镇》《下江南》,与何梦梅小说《大明正德皇游江南传》中的情景相似,源自明正德帝的民间传说,讲的是明武宗朱厚照微服私行,偶入一个酒家,被年轻美貌、伶俐机敏的当垆女子李凤姐所吸引,言语调戏却遭拒,在亮出赤金蟒服和玉带表明身份之后才被凤姐接受,最后带凤姐回宫的故事。1918 年 10 月 19 日,余叔岩和梅兰芳首次合作演出《游龙戏凤》。

蔡楚生熟谙戏曲文化,他出生在一个家境比较富裕的大家庭里,小时候便受到了酷

---

⑤ 《老唱片唱词考订·游龙戏凤【1936 年胜利唱片 2 面】》,链接 https://oldrecords. xikao. com/lyrics/708。此 1936 年的唱片或许是蔡楚生所用的版本。

爱戏曲的母亲郑清秀的熏陶⑥，逢年过节时戏班开演的观众里总有小蔡楚生的身影⑦；除此以外，他还从小培养了对绘画、剪纸、诗文、书法的兴趣。因此，尽管他13岁就被父亲送到"纶章"店里学生意、当学徒，17岁又到上海叔父的一家商店里学生意，他却对文艺非常有兴趣，并有所积累。可以说，幼时和长大后对戏曲和音乐艺术的喜爱成就了蔡楚生在《王老五》中卓越的音乐运用。

王老五唱起此段很符合他的好色、喜欢调戏妇女的性格。同时，《游龙戏凤》的声画结合也十分巧妙：歌声里一位戴礼帽的男子与其女友倚门依依惜别，正为她擦泪，而终于王老五调戏到了她的女友身上，拿着树枝要给她头上插花，颇为滑稽。

《游龙戏凤》对情节也有重要作用。在原剧中，正德帝和凤姐之间的爱虽然始于调戏，但他们却是真心相爱，绝非一时兴起。同样的，或许蔡楚生在塑造王老五和李姑娘之间的爱情故事时也多少想到了正德帝和凤姐之间的故事，或者说，他们的故事或多或少吸收了一点《游龙戏凤》的灵感：同样都是前者先调戏、追求后者，受到后者的冷落，但最终后者被打动，二人结成伴侣。凤姐的豪爽、大胆也与李姑娘"雌老虎"的性格一致，由此，可能蔡楚生也在暗示，王老五醉酒时仍在隐隐怀想着家中的李姑娘。

在此，我们可以更清晰地看出影片的另一主题：除了充满同情地书写穷人的苦难，"爱情"也是《王老五》电影中非常重要的话题。影片并不是要从知识分子的角度"俯视"贫民生活，而是要真正表现他们生活的喜怒哀乐、痛苦与美好。牧神的故事中，牧神对绪任克斯抱有极致的追求和爱意。《游龙戏凤》中的正德帝也是同样如此，这些都化作了影片中王老五对李姑娘的一片爱意和忠心耿耿。爱成为《王老五》重要的主题，这些蔡楚生着意设置的、吸引大众的情节着实始于王老五对李姑娘的爱慕，也终于王老五之死和李姑娘的哭号。

此外，蔡楚生与阮玲玉之间的隐秘恋情可能也为"爱"的主题埋下了伏笔。在《新女性》拍摄过程中，蔡楚生和女主演阮玲玉两情相悦，却由于各自的家庭而无法公开。当阮玲玉在1935年3月8日自杀之后，蔡楚生拜托好友吴永刚剪下她的一缕青丝留作纪

---

⑥ 李亦中：《蔡楚生：中国电影翘楚》，上海教育出版社1999年版，第5页。
⑦ 李亦中：《蔡楚生：中国电影翘楚》，上海教育出版社1999年版，第8页。

念,蔡楚生陷入极度痛苦和"窒息的氛围"半个多月而无法释怀⑧。这段刻骨铭心又痛彻心扉的爱恋不能不说对蔡楚生产生了很大影响,或许是德彪西曲子中那位最终"失落"并怅然、孤独一身的牧神也唤起了蔡楚生的共鸣,又或许是《游龙戏凤》里明武宗对李凤姐的追求成为了蔡楚生希望中的自我投射。《王老五》影片中透过李姑娘胯下俯拍王老五的戏仿镜头,就来自于吴永刚导演电影《神女》中饰演妓女的阮玲玉,此举亦可视为蔡楚生对阮玲玉的隐隐怀念。

因此,无论是《牧神午后前奏曲》,还是《妆台秋思》或《游龙戏凤》选段,这些音乐都指向了主角王老五和李姑娘的爱情,以及由此生发的种种悲欢离合。蔡楚生在以平实、真切的目光注视日寇侵略下的底层生活,尤其是小人物之爱的起承转合的同时,也或多或少地书写着自己对于爱情的体悟。

四、其他无法辨别曲目的音乐

除了上述音乐外,还有第 25 分 41 秒至 27 分 40 秒处王老五造房子时的加速镜头之背景音乐,无法准确辨别曲目来源,但主要以钢片琴和钢琴以及铜管乐器(似乎是小号长号一类,但无法完全确定)演奏,此种乐器非常轻快,主要模仿了卓别林的风格——如《城市之光》或《摩登时代》。蔡楚生早年参演的第一部电影《呆运》即在风格上仿效卓别林影片,蔡楚生也由此确定了对电影的兴趣⑨。在《会客室中》一文里,蔡楚生表明,自己的电影创作心得来源于卓别林电影的成功奥秘,"我为着使我的作品容易和广大的群众接近,多少就采用他这间于浅显而深入的喜剧手法——甚至是很夸张的喜剧手法"⑩。由此,我们也可以推断,《王老五》中某些令今日观众难以接受的不免粗俗的闹剧风格在蔡楚生时代实际是他的借鉴与创新之举,蔡楚生要以此来吸引更广大的观众群。从历史的角度来看,此举极富价值,体现出他的平民意识和通俗化手段。

---

⑧ 李亦中:《蔡楚生:中国电影翘楚》,上海教育出版社 1999 年版,第 121 页。
⑨ 蔡洪声:《中国电影先驱蔡楚生》,广东人民出版社 2005 年版,第 5—6 页。
⑩ 蔡楚生:《会客室中(续完)》,载《电影·戏剧》1936 年第 1 卷第 3 期。

又如影片第 47 分 26 秒至 50 分 34 秒,在表现王老五和李姑娘的洞房之夜受到阿福阿毛以及小朋友等偷窥的情节时,运用了长时间的戏曲音乐作为配乐,虽无法确定具体剧目名称,但此处十分滑稽有趣的情节与音乐的结合,无疑创造了中国化、本土化的音画效果。还有影片最后,第 1 小时 41 分 16 秒至 1 小时 43 分 34 秒处,日军轰炸王老五等人的居住地时,伴随着猛烈的炮火声、哀嚎声、呼叫声而响彻夜空的交响乐,由弦乐快速演奏出的跌宕的旋律无疑又为影片的高潮场景增加了紧张、焦急的氛围。随后音乐声略转入平静,勾勒王老五的幼子葬身火海的悲哀之情。奈何,这一配乐的曲目名称亦无法辨别。

结语

影片《王老五》中,所有音乐的运用都启发、充实了蔡楚生的电影创作,也在影片中一定程度地被"再创作",焕发新的生命力。尽管影片拍摄时的技术有限,但借助于各种音乐的运用,影片中涌动起非常强烈的情绪和情感。一方面,我们可以推断蔡楚生要通过对于情感的书写、民间音乐的运用来吸引底层民众对他影片的关注,以此达到"使他和广大的群众接触"的目的;另一方面,或许蔡楚生对《王老五》这部影片也寄托了浓烈的个人情感,除了同情和关怀,还有对阮玲玉的追思——这些情感往往是隐含的,我们通过《王老五》当中的音乐选择和运用可以窥见一斑。纷繁复杂的情绪从影片中自然生发而出,又成了小人物悲欢喜怒的注脚;蔡楚生将对底层人民的同情和他自己对爱情的理解融为一体,凝注于《王老五》配乐的蛛丝马迹里。总而言之,影片《王老五》融合了中西音乐,实现了雅俗共赏,并在思想内涵上突破了贫贱与高贵的阻隔,以艺术的永恒主题——"人性"和"爱"——一以贯之,的确是海派电影中不容忽视的佳作。

演出特刊中的话剧《日出》

赵　骥

历史上话剧演出的社会实效,一直以来都是话剧史研究的难点。由于话剧舞台呈现的非物质性,历史上话剧演出的真实情形,已难以还原。上海是中国话剧运动的发源地,由于特殊的地域和多元的文化,民国时期的上海话剧呈现出海派艺术气息浓郁的特色。曹禺创作的《日出》一剧,一直以来都被话剧史研究者奉为圭臬,但该剧在沪首次上演的情形若何,却因史料匮乏,一直语焉不详而不为学者所重。近日有幸见到一则《日出》演剧特刊,详载了演出信息和欧阳予倩导演该剧的手札,是研究该剧在沪首演极为重要的史料。

一

曹禺的剧作,与上海均有不解之缘,其首部话剧《雷雨》在北京演出之际,便遭当地军警干预而辍。1935 年 12 月,曹禺与欧阳予倩联袂,在顾仲彝的配合之下,于宁波同乡

《日出》演出特刊封面

《申报》1935 年 12 月 12 日刊载的复旦剧社《雷雨》演出广告

会上演了该剧,这是《雷雨》在沪第一次演出,亦为当时上海知名的学生话剧团体——复旦剧社的第 19 次公演,演出仅持续了 3 天。值得一提的是,欧阳予倩日后的儿媳李丽莲(曾是共产国际李德的第二任妻子)在剧中出演繁漪一角。

1936 年 4 月 30 日,中国现代话剧的开山鼻祖——中国旅行剧团在卡尔登大戏院再度上演了《雷雨》,由唐槐秋执导,演出至 5 月 17 日结束。

一年之后,欧阳予倩再次将曹禺的新作——《日出》搬演上舞台,演员还是从复旦剧社选聘招募的,只是这次演出已不再以复旦剧社的名义进行,而是以"戏剧工作社"之名义对外公演。《戏剧工作社第一次演出特刊》详尽记述了《日出》一剧在沪首演之情形。

与此前复旦剧社公演《雷雨》所不同的是,此次《日出》的上演地点已不再选择逼仄的宁波同乡会,而是改在了当时上海最好的剧院之一卡尔登大戏院,即现已被拆除的长江剧场。据此特刊可知,此次《日出》的导演仍旧由欧阳予倩担任,剧中女主角陈白露由凤子(封季壬)出演,男主角方达生由丁伯骝出演,张乔治由吴铁翼出演,该剧的总务由丁伯骝兼管,对外交际由赵景深负责,舞台管理则由欧阳予倩的兼祧子欧阳山尊(即欧阳三贞)担任。

凤子是复旦大学中文系的学生,复旦剧社的台柱,洪深教授的得意门生。据说她在复旦上学的时候,总喜欢戴一顶玫瑰红的帽子,在校园里颇惹人注目,遂有"红帽姑娘"之谓。从复旦毕业后,曾一度应东京留日学生戏剧团体之邀,赴日演出《雷雨》,大受时誉。归国后又与校友吴铁翼等组织了"戏剧工作社",《日出》便是"戏剧工作社"成立后的首场演出。

丁伯骝亦是复旦的学生,曾著有《戏剧欣赏法》一书,试图将"戏剧的内容和生活的内容打成一片","把戏剧艺术的知识介绍给一般观众",借此提高普通市民观剧的赏析能力。复旦剧社第 19 次公演《雷雨》时,丁伯骝在剧中出演周冲一角而得到洪深的赏识。凤子等人陆续毕业后,复旦剧社演剧因之一度暂缓。丁伯骝等重新招募了 30 多名新社员,于 1936 年 12 月 23 日在校内举行了复旦剧社的第 20 次公演,上演的剧目为田汉的《阿比西尼亚的母亲》《母归》和于伶的独幕剧《汉奸的子孙》。

这份演出特刊中,载有欧阳予倩导演《日出》的札记——《导演者的意见》,具有较高的文献价值。曹禺的《日出》,原本有四幕,约 12 万字之多,欧阳予倩认为剧本过于冗长,不仅会使观众感到疲劳,当时剧场的经营也不许可,于是便对原著进行了改编,只保留了第一、二和四幕,删除了第三幕。他在导演札记中写道:"这个戏我认为比《雷雨》进步,《雷雨》究竟运命悲剧的色彩非常重,《日出》对于运命的解释已不与《雷雨》相同,它直对着当前的社会,毫不犹豫地给以无情的暴露和批判,而且暗示着正有一群无限的希望中浴着阳光奋斗着的人们,是多么雄伟啊。"曹禺《日出》中描写的是北方人的日常生活,上海观众对于剧中"数来宝"和"硬面饽饽"一类的东西十分陌生,导演欧阳予倩为了能使上海观众了解剧情,颇费了一番工夫,对原作的第三幕进行了"肢解",缩短了演出的时间,以适应当年上海话剧演出市场之规。

欧阳予倩对《日出》的改编,显然未事先与曹禺进行沟通。该剧在沪首演时,曹禺专程从南京赶往上海观看,他对于欧阳予倩将第三幕删除的做法,颇不满意。他说:"《日出》不演则已,演了,第三幕无论如何应该有。挖了它,等于挖去了《日出》的心脏,任它惨亡。如若为着某种原因,必须肢解这个剧本,才能把一些罪恶暴露在观众面前,那么就砍掉其余的三幕吧……"[①]

二

女演员凤子在《日出》剧中出演主角陈白露。她在特刊中写道:"要求一个演员,去扮演一个在她生活体验以外的角色,是很困难的事。但是,一个优秀的舞台演员,她应该在舞台上学习着体验多方面的人生。自己正是努力地向这方面去学习的人,希望将来演出《日出》里的凤子,不是我自己,而是一个堕落到糜烂的生活圈子里去,而无力鼓勇自己走上理想的人生路以至自杀的陈白露。"

丁伯骝在演出特刊中将《雷雨》中的周冲与《日出》的方达生进行了比对,"周冲是《雷雨》里的一群鬼魔中有人气的人,方达生是《日出》里一群走尸中有人气的人,不过周冲止于天真,方达生却是有了较明确憧憬的青年,显然地,方达生就是由周冲进展来的,这自然也就是作者视野之开展的明证……我在复旦剧社第十九次公演时,在《雷雨》

[①] 曹禺:《〈日出〉跋》,选自《曹禺研究专集》上册,海峡文艺出版社1985年版,第34—37页。

中演周冲,在这回戏剧工作社公演的《日出》中演方达生,想到我有机会饰这两个有相关性的人物,我就感到非常兴奋"。

凤子像

丁伯骝扮演的方达生

此外,为使演出特刊的宣传效果更具社会影响力,编辑者匠心独运,专门制作了"文艺界的推荐"一则,将当年上海文艺界知名人士如巴金、叶圣陶、沈从文、茅盾、陈荒煤等人评价《日出》的短文,收录其中。

巴金对曹禺有"知遇之恩",他说《日出》填补了之前《雷雨》的不足。"我喜欢《雷雨》,《雷雨》使我流过四次眼泪,从没有一本戏像这样地把我感动过……不过《雷雨》却也有它的一些缺点,譬如作者所强调的'命运的残酷',我觉得就表现得不够……这缺陷却由《日出》来弥补了。《日出》就不是命运的悲剧,这只是我们现实生活的反映……它触及到了我们这社会的各方面,它所表现的是我们的整个社会……它还隐约地指示了一个光明的希望。"

沈从文在评论中称赞《日出》中所描写的人物"都凸现纸上,呼之欲出……就全个剧本的组织,与人物各如其分的刻画,尤其是剧本所孕育的观念看来,依然是今年来一宗伟大的收获。要中国话剧运动活泼一点,且与当前文学运动的目的一致,异途同归,这种作品尤其有意义,有贡献,应当得到社会注意和重视"。

茅盾说《日出》是他见过的将买办资本之罪恶搬上舞台的第一部剧作。"我读了

《日出》以后,沉思久之,正和我从前看了《雷雨》的演出一般。《日出》所包含的问题,也许不及《雷雨》那样多,然而我觉得《日出》的所有主要次要各人物的思想意识,主要次要各动作的发展,都有机地围绕于一个中心轴——就是金钱的势力。而这'势力'的线由买办资本兼流氓式的投机家操纵着,这是半殖民地金融资本的缩影。将这样的社会题材搬上舞台,以我所见,《日出》是第一回。"

陈荒煤评价《日出》一剧有"磅礴的气魄"和"熟练的技巧",他认为该剧作最成功之处在于"人物典型的创造……每一个人物,他都赋与他独特的形象"。

叶圣陶赞扬《日出》是"一刀一凿"雕刻出来的诗歌。"现在有许多的小说诗歌……对于读者也就没有多大影响。这篇剧本却能从具体的事象中间透露出意思来,仿佛作者自己并没有主张,然而读者从第一幕读到第四幕,自然会悟出潜藏在文字背后的意思。具有这样效果的,它的体裁虽是戏剧,而其实也是诗。"

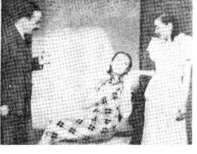

《日出》演出特刊所载之剧照

特刊中还保留了当时演出的剧照,这部分图片资料尤为珍贵,成为我们今天了解、研究20世纪30年代海派话剧最为直观的一手文献,极大地填补了以往文字记述之不足。正是这些无声的图片,向我们传递了昔日舞台难以用文字描摹的景象,真可谓此时无声胜有声。

三

为了配合戏剧工作社的首次公演,上海当年的报纸亦刊出了大幅广告予以宣传。1937年2月1日的《申报》刊出戏剧工作社公演《日出》的预告,称该剧是"黑暗世界的燃犀录,现代社会的照妖镜"。为了进一步唤起市民观剧的欲望,两位大师级的人物在预告中宣称该剧的主旨是"肉的享乐、性的诱惑、灵的呐喊、心的悲哀"。然而这种极具诱惑力的广告语,似乎并未对戏剧工作社《日出》首演的市场产生正面影响,仅 4 天之后,曹禺和欧阳予倩联袂执导的演出便在卡尔登大戏院谢下了帷幕。2 月 5 日上海《立报》刊出消息称,戏剧工作社《日出》的演出是最后一天,广告中还注明参与此次演出的有欧阳山尊、高步霄、洪谟、宗由、李涤之、谢俊、杜广、王竹、孙敬、辛汉文、高雪辉等人。辛汉文是当年上海影剧界的化妆大师,而洪谟则是沦陷期上海知名的"四小导演"之一。

与《雷雨》的情形相似,欧阳予倩依托戏剧工作社上演的《日出》,演出市场并不好。1937 年 4 月 28 日,《日出》再度在上海演出,此次演出的剧团又是中国旅行剧团,此次演出是其在沪的第六次公演,导演仍旧是欧阳予倩。与之前的戏剧工作社相比,中国旅行剧团上演的《日出》有四幕,完整保留了曹禺原作的结构。该剧的演出至 5 月 19 日结束,历时 22 天。

与中国旅行剧团相较,不论是之前的复旦剧社,还是之后的戏剧工作社,均以学生演剧为主体,可以视作上海所特有的"学生演剧"之案例。话剧史学界对学生演剧一直赞赏有加,认为学生的非职业演剧,可以摆脱资本

1937 年 5 月 19 日中国旅行剧团《日出》最后一场演出广告

家的束缚和对金钱利益的片面追求,而以倡导高尚的艺术为宗旨。但话剧运动并非仅仅是艺术性、文学性的活动,更是社会性的活动,演剧的市场效应是衡量一出话剧成功与否的重要指标。同样是曹禺创作的《日出》,亦同样是欧阳予倩担任导演,但演出的主体——戏剧工作社与中国旅行剧团之不同,演出的社会效应亦迥然各异。由是观之,非职业化演剧在中国话剧运动史上的地位,恐怕值得商榷。

重友亦逍遥
——唐逸览谈父亲唐云

钱 晟

钱晟： 唐云先生常自称"老药""药翁"，取自何意？

唐逸览： 父亲经常对友人说："我所画的花草，有许多都是药材，像菊、梅、竹、芦根、万年青、石榴、枇杷等，我希望自己的画如同这些花草一样也能给人一点'疗效'或'滋养'。身体疲乏了，读了画起点振奋的作用，能获得一点益处，哪怕是一点点作用，让人们精神生活丰富些，积极些，也是好的，这就是我取'老药''药翁'的寓意。"

钱晟： 您曾提到过父亲唐云是无师自通的，特别强调天赋和领悟力，同时又说朋友圈就是他的"大学"？

唐逸览： 父亲没有读过大学，他取得今天的成绩主要是靠自己努力，从小发自内心爱画画，花心思临习古人，也从自然写生中吸取营养。父亲曾不止一次在画上题写道："余幼年好游虎跑，山野之外，游目畅怀，细查云烟变化之状，作为粉本，往往日行百里，未知倦也。"20世纪50年代初期，张聿光先生画过一张我父亲的像，上海画院女画师周鍊霞女士题诗，钱瘦铁先生落款。诗云："六如旧是丹青手，千载才人又姓唐。镜里眼波甜欲笑，毫端春色活生香。有时梦见清湘老，无意能为八大狂。四海张灵双鬓白，传神不让顾长康。"诗中将我父亲与唐伯虎（六如居士）相比，并点出他的笔墨贯通南北，既出源石涛（清湘老），又能拟八大笔意，赞美张聿光画之传神不让于顾恺

张聿光、周鍊霞与钱瘦铁合作之唐云肖像

之(顾长康)。我想这便是对父亲多年爱画如痴、勤学苦练、悉心研究的最好肯定。除此之外,父亲的朋友遍布书画、佛教、历史、诗书、政治等诸多领域。但凡朋友来到家中,父亲就会根据他们的专长和他们聊天,这也是父亲获取知识的重要途径。

钱晟: 您从小喜欢画画,跟着父亲学习有得天独厚的条件,他是怎么教您的?

唐逸览: 我从学员到成为画院新一代的画师,父亲对我的影响无疑是最大的。17岁以前,我常常帮助父亲整理书房、看他画画。看画不是简简单单地用眼睛看,而是用脑用心在记。诸如他用笔的快慢转折,用墨用色,什么时候该用水,什么时候该用胶等,我都印象深刻。尤其是他所用的毛笔都很讲究,画树、石、枝条等用狼毫,而画花用羊毫,也适量用些胶,这样才能画出花的丰肥之美。

钱晟: 您觉得父亲教画和美专老师教画最大的区别在哪里?

唐逸览: 父亲教画是根据我的笔性适合画哪一路就教我哪一路。我画好后给他看,他觉得哪里缺就补几笔,是亲身示范的。在美专,老师只作批改,但看不到老师怎么改。这也是为什么在20世纪60年代,文化系统为了培养新社会的接班人,画院要以师傅带徒弟的形式传帮带,一对一的,一步一个手势来教的原因,代代相传人才多。

唐云、唐逸览父子在合作绘画

钱晟: 您父亲有画语录吗?他是如何和您谈画理和墨法的?

唐逸览: 父亲曾说,画语都被前人说完了,特别是《石涛画语录》已把画家的诸多体验说透,无须别人再述。父亲诗云:"平生最爱阿鹰画,老笔枯墨万壑凉。却是香炉峰顶坐,天风吹酒醒诗肠。"他喜欢这位明末遗民画家戴本孝,也爱收藏、临摹石涛的画。直到80岁,他在名为"冬瓜小鸟"的画上仍题诗:"平生爱八大,亦复善新罗。两者合为一,聊当自唱歌。"父亲还说:"清代画家中,冬心先生题画的句子最有意境,极耐吟诵。"父亲喜欢的先贤画家,他都设法收藏他们的画,研究、把玩,学来为己所用。他的画中也就有了华新罗的清秀、金冬心的拙朴。

钱晟:唐云先生的书法有个人面目,来源于哪里?

唐云所书对联

唐逸览:父亲早年学写颜真卿,后来吸收了瘦金体有了变化,他也学石涛、倪云林的笔法。晚年,他常常把《小麻姑仙坛记》带在身上,常常研究,领会精神。具体是学的哪家很难说,肯定是从传统中来,融汇成自己的。画家的书法与书法家是不一样的。有人觉得画家的书法比较活。来楚生先生说:"书法写得要像一串大闸蟹,重心是一条线,局部就像蟹张牙舞爪,一只脚进一只脚出,行气淋漓。"这个要做到蛮难的,但父亲做到了。"书有画意"被认为是父亲书法的一大特点。父亲将绘画的主意运用在书法上,彰显出他书法的新面貌。

钱晟:有传言向唐云先生讨画容易讨书法难,是真的吗?

唐逸览:过去父亲画画比较多,毕竟是画画为主,写大字比较少,写对联还要有人帮忙拉纸,而画画一压镇纸就行。

钱晟:唐云先生的好友很多,您对他们的交往有什么印象吗?

唐逸览:父亲有一句名言:"人生之欢,莫过结交。人生之苦,莫过失友。"我父亲一生爱画、嗜酒、好收藏,广结好友,乐善好施,朋友很多,可谓六艺之中,无友不在。他的交友原则是以心相见,求同存异。1928年,他在杭州时便加入了西泠印社,结识了高野侯、丁辅之、陈叔通、陈伏庐、武劭斋、来楚生等一大批书画家。他还与姜丹书、潘天寿一同创立了"莼社",常常一起饮酒、谈书、论画。到上海后,又认识了白蕉、谢稚柳、吴湖帆、邓散木、江寒汀、张大壮、朱屺瞻等书画家、收藏家。他和你爷爷钱瘦铁在画院是很要好的朋友。我家的客厅就挂着三张你爷爷送给我父亲的画：一张是"三潭印月"，因为我父亲是杭州人，你爷爷特别在中秋节画给他的，很精彩；一张是合作作品里你爷爷画山茶、父亲补画石榴；还有一张是周鍊霞作诗、你爷爷题的父亲的肖像。

钱晟：这张老照片是20世纪50年代在香港金刚寺拍的，您知道当时的背景吗？

唐逸览：当时，父亲、你爷爷和其他朋友一起去香港金刚寺看他佛教界的朋友若瓢。若瓢比父亲年长几岁，先认识我祖父，后来慢慢和父亲成了朋友。若瓢生病后负担不起高昂的医药费，父亲就带了朋友与画一起去香港开个画展，帮他把欠债还清。当时父亲在香港住了近一年，问题解决后才和你爷爷一起回沪的。

1947年西泠印社成立40周年时合影（第三排右起第六人为唐云）

金刚寺合影，1950年摄于香港。左起：若瓢、钱瘦铁、王韵梅、唐云、陈方、蒋佩瑶、张炎夫、余伟

钱晟：唐云先生爱收藏，有名士之风，对笔墨纸砚也都很讲究，是不是也对您产生了影响？

唐逸览：大石斋所藏有端砚、歙砚、洮砚、鲁砚，还有鱼脑冻砚、水汶砚、青花砚，以及瓦当砚、两汉君子砚、凤凰砚、晋砖砚、明砚、竹节砚、宜和砚、澄泥砚、蛤蜊砚等。在砚上铭文咏志也是父亲的一大乐事。他在一方歪斜的扁砚中题道:"不整而齐,质坚多文,助我笔阵,张此一军。"父亲随各种机缘收藏了八把曼生壶,而有"八壶精舍"的斋名。父亲有诗曰:"午晴睡起小窗幽,人事闲来对茗瓯。解识东风无限意,兰言竹笑石点头。"收藏在他就是"玩"。我家还有一个父亲当年用的画案。父亲看画都是我帮着挂和收,其他弟兄姐妹都不让动的。他手把手教我怎么拿,怎么卷和收,有时挂出来让我点评好在哪里。他对我的影响就在潜移默化里吧。

钱晟:唐云先生是如何评判"好画"的?

唐逸览:父亲读画读得蛮多,所以他学八大、石涛,领会他们的精神,而有自己面目。等于吃了东西以后消化了再营养自己,灵活运用到自己的创作实践中,这样的画就活了。他说有的画是可以临的,有的画是不能临而要领会精神的。我们学习传统用笔,但不能照搬。

钱晟:您父亲最喜欢自己的哪幅作品?他觉得哪个时期的作品比较好?

唐逸览:父亲说他不爱看自己的画,因为古代优秀的作品太多。父亲的画十年一变,早年作品清丽飘逸;中年作品发展到潇洒超脱,得心应手,挥洒自如;晚年作品演变到厚重老辣,笔墨浓厚而不失韵味。他晚年作画时讲:"画得好了,可惜人老了。"从他自己的叹息中可以知道,父亲认为自己晚年画得好。从我的观点看,他每个阶段都有精彩作品。

钱晟:您最喜欢父亲哪些题材的作品?

唐逸览:父亲画的荷花、竹、兰、松树我都挺喜欢的,他的花鸟作品的创作对我影响比较深。有些新中国题材的比如踏水车和参军画等也挺好的。

钱晟:唐云先生用印有什么讲究?

唐逸览:父亲在画上用印是很讲究的。他用的印章大都是叶露渊先生所刻,叶先生刻的汉印配父亲的画很协调。如是画面粗犷、笔墨简要风格的画,就用来楚生、钱瘦铁等人的章了。

钱晟:唐云先生用墨有什么讲究?

唐逸览:父亲作画用的墨,60年代前,用端砚磨墨。60年代后,故宫有一批碎的古墨,研制成墨汁,做得质量不错。使用墨汁有利有弊,利是作大画用墨多省时间,缺点是落笔时在宣纸上墨分五色,墨韵很好,但随着纸干而墨色会平掉。为此,父亲在磨墨时加少许墨汁,墨色平掉的问题就解决了。此法用墨一直沿用到晚年。70年代后,使用砂砚和汉砖砚。用端砚磨的墨画不出厚重、浓烈的墨色效果。80年代,父亲的笔墨更加老辣,一改早中年时期潇洒飘逸、洒脱的风格。如将早中年作品与晚年作品放在一起对照,显然是不同的艺术效果。

钱晟:唐云先生是一个很睿智的人,能分享一下他的处世哲学吗?

唐逸览:父亲晚年作《竹杖铭》曰:"不畏崎岖偕此君,每当坦道亦妨倾。若从平夷忧虑险,万水千山到处行。"既"不畏崎岖",也要"平夷虑险",我觉得这可以代表他的处世哲学。

谷崎润一郎 1926 年的上海之行

徐静波

一、汉学修养良好的谷崎润一郎

谷崎润一郎

明治中期出生的谷崎润一郎(1886—1965),在日本近现代的作家中,算是汉学修养相当好的一位,尽管他平时的生活做派,很有一些法国风。

在江户时期极为兴盛的汉学,到了明治时代即便成了强弩之末,也仍然有一定的势头。谷崎的少年时代,汉学的鼎盛期自然早已过去,然而余韵犹在。汉学的教养,仍被看作跻身中上流社会的一个身份标志,虽然它的色彩已经逐步退落,昔日的光环也不复存在了。

谷崎在汉学上的启蒙者,来自两个途径,一个是他小学高等科的班主任稻叶清吉,另一个是他小学快毕业时去上的一家私塾的汉学先生。稻叶并不是一个旧时代的冬烘先生,而是一个新式师范学校毕业的年轻人,但其对各类古典感兴趣,自己也想成为一个志趣高雅的哲人贤士。他不爱穿西服而常穿和服,怀里揣着的不是中国的古书就是禅宗的经典,或是日本的古典。比起文学来,他更醉心于哲学和思想,尤其对于王阳明的诗文,几乎奉若圣书。谷崎评论说:"稻叶老师的汉文素养,即便在比现在水准要高的当时,也远在一般小学教师的水准之上吧。"①谷崎回忆说,稻叶老师在青木嵩山堂购买了一套十卷本的《王阳明全书》,有时候带一卷到学校里来,教谷崎读解,谷崎至老年仍然记得的语句有:"险夷原不滞脚中,何异浮云过大空。夜静海涛三万里,月明飞锡下天风。"还有诸如"破山中贼易,破心中贼难"等这样的警句。谷崎还常常见到稻叶手里拿着弘法大师(空海)的《三教指归》和道元禅师的《正法眼藏》(空海在唐代随遣唐使来中国学佛,归国后在日本开创了真言宗;道元在南宋时来中国学佛,将禅宗的曹洞宗传到了日本),他还把朱熹训诫弟子的一首诗让谷崎背诵:"少年易老学难成,一寸光阴不可轻。未觉池塘春草梦,阶前梧叶已秋声。"这些儿时习得的汉诗,几十年过去之后,谷崎仍可轻易地背诵出来②。在稻叶老师的亲授下,谷崎自幼耳濡目染,受到了一定程度的汉学熏陶。另一个老师野川则会对他说起些汉楚之争时的鸿门宴、垓下之战、四面楚歌之类的故事。这些在无形之中,塑造了谷崎心灵中的中国情结。

谷崎在小学快要毕业的时候,大概是家里难以供其念中学,为了多补充一些知识,就让其在上学之余,同时去汉学私塾和英语学校学习。他上的汉学私塾叫"秋香塾",规模不大,讲课的地方只是一个六帖(约 11 - 12 平方米)的房间,主讲的是一位蓄着长须的六十来岁的老翁,有时也有一位二十来岁的年轻女子来代讲(谷崎后来听说是老翁的小妾)。在秋香塾里,谷崎先后学习了《大学》《中庸》《论语》《孟子》,以及《十八史略》《文章规范》等。塾师并不讲解,只是按照日本训读的方法教学生念。几十年之后,谷崎仍然记得《大学》中的句子:"心不在焉,视而不见,听而不闻,食而不知其味。此为修身正其心。"但是只是跟着念,谷崎并不能满足,就时常向老翁或年轻女子发问,有问,他们就必有答,且讲解简明易懂,由此加深了少年谷崎对中国古典的理解。私塾里所读的《十八史略》可以说是谷崎了解中国历史的启蒙书。此书是元代曾先志所著,由《史记》以来至宋代为止的各种官修史书浓缩而成,后来又不断有人为之补充修订,使其更为完备。原来只是一部作者名不见经传的民间编撰,却因为其言简意赅,文笔流畅,到了明

---

① 谷崎润一郎:《幼少时代》,1955 年连载于《文艺春秋》月刊,此处据《谷崎润一郎全集》第 17 卷,东京中央公论社 1982 年版,第 216 页。
② 详见谷崎润一郎:《幼少时代》。

代大为流行,并在室町时代传到了日本,受到了日本朝野的欢迎。至江户时代,被各个藩的官学定为教科书,于是无论宫廷还是民间,几乎人手一册,成了学习中国历史的入门书,其影响甚于在中国本土。谷崎最初有关中国历史的知识,大抵都是从中习得的。有时候里面有些难以读解的字词,他就回家询问母亲,不意平民出身的谷崎母亲,竟然也可以为他讲解,这使得谷崎深有感慨地认识到:"说起来,在那个时代,即便是一般的市民,只要家里经济上稍有些余裕,就像今天大家学习英语那样,都会让女子去学习汉文,我母亲大概就是在年轻的时候获得了这些教养吧。"[3]

由于早期的汉学教育和习得,谷崎在少年时就能作汉诗了。1901年刚刚考进东京府立第一中学时,15岁的他就在学校的《学友会杂志》上发表了几首汉诗,第一首题曰《牧童》,兹摘录如下:

牧笛声中春日斜,青山一半入红霞。行人借问归何处,笑指梅花溪上家。[4]

后两句明显是借用了杜牧的"借问酒家何处有,牧童遥指杏花村"的意境和句式。诗虽然写得浅白,却也可看出谷崎至少是读了不少唐诗宋词,有了一定的底蕴。另有一首《残菊》:

十月江南霜露稠,书窗呼梦雁声流。西风此夜无情甚,吹破东篱一半秋。[5]

这首诗相对就要高明不少,尤其是最后两句。诗中用了"江南"一词,日本并无江南之说,这显然也是受了唐以后中国诗风的影响。而其时,谷崎还只是一个15岁的少年。成年后,谷崎在汲取西洋文化素养的同时,一直都对中国心生憧憬。

二、与上海文学家的初次相会

谷崎润一郎在明治末期登上文坛后,也渐渐受到了一些中国人的瞩目。周作人1918年4月在北京大学文科研究所小说研究会上发表了题为《日本近三十年小说之发

---

[3] 《谷崎润一郎全集》第17卷,东京中央公论社1982年版,第233-234页。
[4] 《谷崎润一郎全集》第24卷,东京中央公论社1983年版,第52页。
[5] 《谷崎润一郎全集》第24卷,东京中央公论社1983年版,第53页。

达》的演讲（演讲稿发表在当年5—6月的《北京大学日刊》上），其中提到针对明治末年流行的自然主义，日本文坛上发生了一种反动，其中之一便是享乐主义（后来一般称为"耽美主义"或唯美派）。周作人在演讲中说："此派中永井荷风最有名的。他本是纯粹的自然派，后来对于现代文明，深感不满，便变成了一种消极的享乐主义。所作的长篇小说《冷笑》是他的代表著作。谷崎润一郎是东京大学出身，也同荷风一派，更带点颓废派气息。《刺青》《恶魔》等，都是名篇，可以看出他的特色。"⑥虽然只是寥寥数语的介绍，已足以说明中国的新文坛关注到了谷崎润一郎。

1918年，谷崎已是一位名作家了，出于对中国的憧憬，这年秋天他来中国旅行，经朝鲜来到中国的东北（时称"满州"），在沈阳（时称奉天）待了数日后，往南抵达北京；再由北京坐火车前往汉口，自汉口坐船沿长江而下，在九江停留，并坐滑竿登上了庐山；再从九江坐船到南京，然后坐火车到苏州，畅游了苏州城内和郊外的天平山，最后抵达上海；又自上海坐火车去杭州旅行，住在新新旅馆，这一年的12月上旬坐船返回日本，整个行程大约两个月。他一直想结识中国的文学家，然而阴差阳错，竟然未能如愿。

1926年1月，他再次来到中国，这次主要是在上海盘桓。据其1926年1月12日给友人的信函，他是13日从长崎坐船前往上海的。信函中还写道，他是1月6日带着家人从神户出发，在长崎游玩了四五天。但从后来的记述中可知，他的上海之行似乎是一个人的旅行，下榻在一品香旅馆，并无家人在侧。经内山书店经营者内山完造的介绍，他得以与郭沫若、田汉、欧阳予倩等活跃在上海的一批文人相识，这是他人生中第一次与中国人较为深入的交往，也是中日现代文学交流史上一次较为有意义的人物邂逅，至少为以后中国现代文学的发展，留下了不浅的印迹。该年的2月14日，谷崎踏上了回国的航程。

1926年1月谷崎再次来到上海时，文坛的气象已与8年前迥然不同了。他的小说《麒麟》也在1924年被翻译介绍到了中国。抵沪几天后，谷崎的旧友、时任三井银行上海支店长的T氏在"功德林"设宴为谷崎洗尘。觥筹交错之间，同席的一个经纪商宫崎告诉谷崎说，如今有一批青年文人艺术家正在中国掀起一场运动，日本的小说、戏剧中

---

⑥　周作人：《日本近三十年小说之发达》，选自《艺术与生活》，河北教育出版社2002年版，第145页。

的一些优秀之作差不多都经他们之手译成了中文,"你若不信,可到内山书店去问一下,书店老板与中国的文人颇熟,到了那儿便可知晓了"。宫崎说这一番话倒也不是空穴来风,1924年内山完造在自己的书店里组织了一个"文艺漫谈会",经常有一些热爱中日文艺的青年人在那里畅谈心得,还编了一份名曰《万花镜》的同人刊物。宫崎喜欢中国的戏剧,也常到书店去坐坐,知道一些上海文艺界的信息。谷崎听宫崎如此一说,立即来了兴趣,决定去寻访中国的文坛新人。

几天之后,他在宫崎的陪同下来到了北四川路魏盛里的内山书店。"店主是一个精力旺盛、明白事理、说话风趣的人。在店堂里侧的暖炉边,放置着长椅和桌子,来买书的客人可在此小憩一会儿,喝杯茶聊会儿天,——盖此家书店似已成了爱书者的一个会聚地。——我在此处一边喝茶一边听店主讲述中国青年人的现状。"⑦内山告诉谷崎,这里的日文书有四分之一以上是中国人买去的,大多是些文学、哲学、经济、法律的书刊,现在中国不少介绍新思想新知识的书,大半都是取之于日文的书籍。自日本留学归来的年轻人,有不少已在文坛上崭露了头角。他们从报上得知谷崎已到了上海,都希望能有晤面的机会。谷崎听了内山的这一番话,心里感到十分欣悦。内山又向谷崎介绍了谢六逸、田汉、郭沫若和欧阳予倩诸人。谢六逸(1898—1945),贵阳人,1922年从早稻田大学政治经济科毕业以后,在上海商务印书馆供职,与沈雁冰(茅盾)的文学研究会关系比较密切,不久之后担任上海神州女校的教务长,后又转入复旦大学中文系任教授。谢六逸在日本读的虽然是经济学,却对日本的文学极为熟稔,是20世纪二三十年代译介日本文学最有成就的人之一。1924年9月出版《日本文学》,也许是中国最早的一部有系统的日本文学史。1925年5月出版《日本近代小品文选》,9月出版《日本文学史》上下两卷⑧。田汉毕业于东京高等师范学校,在写诗、写剧本的同时,也翻译了不少日本文学作品,最著名的是1924年出版的《日本现代剧选》。欧阳予倩1907年在日本留学时就与李叔同(后来的弘一法师)等人一起在东京上演了被称为中国新剧滥觞的《茶花女》,

---

⑦ 谷崎润一郎:《上海交游记》,原载《女性》1926年5—8月号。此处据《谷崎润一郎全集》第22卷,东京中央公论社1983年版,第564页。译文亦可参见谷崎润一郎著、徐静波译:《秦淮之夜·上海交游记》,浙江文艺出版社2018年版。

⑧ 据陈江、陈达文:《谢六逸年谱》,商务印书馆2009年版;陈江、陈庚初编:《谢六逸文集》,商务印书馆1995年版。

回国后在戏剧创作和表演上都有卓越的贡献。内山完造提出,由他来安排,在书店的楼上举行一次中日文人的聚会。谷崎对此感到十分高兴,再三谢过了内山后,满心喜悦地离开了书店。

敏锐的上海新闻界,也获知了谷崎来沪的消息。上海当地最大的华文报纸《申报》在1926年1月20日"本埠新闻"中刊登了《日本文学家谷崎润一郎来沪》这样一条消息,内容如下:

> 日本文学家谷崎润一郎氏,以描写变态性欲著名,每书一出,举国争阅,与菊池宽氏并称为大正时代之文豪,昨日来沪游历,由内山完造君发起,于本月22日在北四川路内山书店楼上开会欢迎,并约定谢六逸君演说我国新文学现状。如有请谷崎氏演说者,请向内山君接洽,谢君已允代为翻译云。

聚会前一天的早上,谷崎接到了内山的电话通知。不巧聚会的这一天谷崎正好要打预防针,一天不能喝酒,于是提出能否改期。不料大部分参加者都住得颇远,那时电话还没有普及,已经来不及通知更改了。结果为了谷崎,大家决定这一天不饮酒,并且安排了素斋。在中国,正式的素斋是不备酒的。谷崎因此心里觉得有些歉疚。

聚会的当晚,谷崎与《大阪每日新闻》驻上海的记者村田、宫崎和中国戏剧研究会的塚本、菅原一起出门。"我走进店内时,在暖炉前坐着一个穿黑西装戴眼镜的青年,此人即为郭沫若君。圆脸,宽额,有一双柔和的大眼睛,毫不卷曲的坚硬的头发散乱地向上直竖,仿佛一根根清晰可数似地从头颅上放射出去。也许是有些弓背的缘故,从体形外貌上来看显得有些老成。"[9]不一会儿,谢六逸来了。谷崎描写他说:"穿一套薄薄的、似是春秋季西服般的浅色的西装,上衣的里面露出了羊毛衫。这是一位脸颊丰满、大方稳重、温文尔雅的胖胖的绅士。内山氏向谢君介绍了郭君。党派不同的两位头脑借此机会互致初次见面的寒暄。然后开始了非常流畅的日语谈话。"[10]谢六逸告诉谷崎说,他在早稻田大学念书时,曾听过谷崎的弟弟谷崎精二的课。谈话间,欧阳予倩推开门走了进来。谷崎对他的印象是:"白皙的脸上戴着眼镜的样子,到底是一位站在舞台上的人。

---

[9] 《谷崎润一郎全集》第22卷,东京中央公论社1983年版,第568页。
[10] 《谷崎润一郎全集》第22卷,东京中央公论社1983年版,第568—569页。

一头乌发宛如漆色一般地闪烁着黑色的光泽,鼻梁线挺拔而轮廓分明。从耳际后面一直到脖颈上的发际间的肤色尤其白皙。"⑪接着进来的还有曾在日本留学十年、后又去法国攻读语言学的方光焘,毕业于日本庆应大学、新中国成立后担任上海市文献委员会副主任的徐蔚南等人。参加晚会的中国人都清一色地穿着西服。令谷崎感到惊讶和亲切的是,这天晚上来到内山书店的人都会说一口流利的东京腔的日语。1923年关东大地震后,谷崎就移居到了关西,他已经有一段时间没有参加这样都说东京话的聚会了,没想到在海外遇到了这样的场景。

最后出现的是田汉。

> 说实话,我要是没听到内山氏的一声"田汉君来了",实在不会想到进来的一个穿着素色洋装的汉子竟是中国人。我倒是觉得这个人大概是东京的哪一个文人,名字一下子想不起来了,当时竟是这样的一种感觉。田君的容貌风采竟与日本人如此相近,而且当时的印象是与我们这些同伙别无二致。肤色黝黑,瘦削,长脸而轮廓分明,头发长得乱蓬蓬的,眼睛里射出神经质的光芒,长着龅牙的嘴双唇紧闭略无笑意。习惯于低着头竭力控制住自己的神态,都令我们想起自己二十几岁时的模样。他脸对着桌子,眼睛往上一抬扫视了一下桌边的人,目光又默默地沉落了下来。⑫

田汉默默落座后,突然开口对谷崎说,以前曾在日本镰仓的海边看见他在那边拍电影,那是1920年的夏天。确实,那一段时期谷崎正投身于新兴的电影事业,当了"大正活动写真"的顾问,写了《业余俱乐部》等四个剧本,对电影的制作发表过不少精彩的言论。从田汉日后所写的《我们的自己批判》中可以看出,谷崎的电影理论对后来从事电影业的田汉也有不小的影响。

参加聚会的都是对文艺有兴趣的人,话题自然是中日两国的新文坛。谷崎从郭沫若和田汉的口中得悉,日本的新文学虽已在中国逐渐登陆,武者小路实笃和菊池宽等人的作品部分已有了中文译本,但原先从宫崎处听到的话却不免有些言过其实。以留日

---

⑪ 《谷崎润一郎全集》第22卷,东京中央公论社1983年版,第569页。
⑫ 《谷崎润一郎全集》第22卷,东京中央公论社1983年版,第570页。

学生为主体的创造社的文学活动,毕竟也只是五色杂陈的上海文坛的一个方面,且当时中国的政治和社会动荡不安,疮痍满目,作为热血青年的郭沫若和田汉不仅有文学上的苦恼,现实社会的黑暗也使得他们愤懑不已。

那天聚餐会结束后,郭沫若和田汉随同谷崎来到了他下榻的位于西藏路上的"一品香"旅馆(原址现为来福士广场)。"喝着绍兴酒又继续谈开了。借着醉意,两人都坦率地诉说了现今中国青年心中的苦恼。他们说,我们国家古老的文化,眼下由于西洋文化的传入而正遭到人们的遗弃。产业组织受到了改革,外国的资本流了进来,琼脂玉浆都让他们吸走了。中国被称为无穷尽的宝库,虽然新的富源正在为人们所开拓,但我们中国的国民不仅未受到一点惠益,物价反而日益攀升,我们的生活渐渐困难起来。上海虽说是个富庶的城市,但掌握财富和权力的是外国人。"[13]以前一般的评价是,"文学研究会"比较关注文学与社会的关联,倡导文学描写社会与人生,而同在1921年成立的创造社则倾向于文艺本身,注重文艺的形式和风格。不过事实未必如此,至少到了20世纪20年代中期,早先的创造社作家,也已非常关注社会情状,并夹杂了较为浓厚的革命情绪。1925年末至1926年初,郭沫若已发表了《新国家的创造》《社会革命的时机》等充满了政治色彩的文章,从谷崎所记录的郭沫若等的话语中,已可充分感受到这一点。与谷崎会见的第二个月,郭沫若便受广东大学校长陈公博之聘,来到南方革命的策源地广州。同年6月,国民革命军开始北伐。郭沫若投笔从戎,担任北伐军政治部宣传科长,就是出于这样的一种政治情怀。

三、上海文艺界欢迎谷崎润一郎的"消寒会"

过了几天,欧阳予倩与郭沫若、田汉等一起策划了一场在徐家汇路新少年影片公司(今日上海电影制片厂的主体)内举行的"文艺消寒会",这既是文艺圈内人士的一次大聚会,同时也是对谷崎润一郎的欢迎会。时间安排在1月29日的下午。这是一个严寒过后阳光和煦的温暖午后,田汉开车到"一品香"来接谷崎。

---

[13] 《谷崎润一郎全集》第22卷,东京中央公论社1983年版,第577页。

汽车载着我们两个人,沿着旅馆前跑马厅边的平坦的西藏路由北向南驶去。混凝土的路面犹如擦得铮亮的走廊一般熠熠发光,一闪一闪地反射着晴日的阳光。时值旧历岁末,街上一片车水马龙。骑着马的士兵冲开汽车、马车、人力车及下层劳动者的杂沓的人群,蹄声清脆地策马前行,跟在后面的是戏曲、电影、年终大甩卖等的广告队。有一列抬着花轿的迎亲队伍,吹吹打打地走过街头,艳丽夺目的花轿仿佛是龙宫里的仙女乘坐的一般。到处都是一片暖洋洋的,亮晃晃的,令人目不暇接,美不胜收,昏昏欲睡。⑭

汽车开到电影公司门前,两人下了车,穿过宽广的摄影棚,看到郭沫若站在阳台上挥动着帽子向他们打招呼,一旁是穿着中装、带着墨镜的欧阳予倩。谷崎被引进了一间大房间,已有二三十人聚集在那里等候,除了已见过的方光焘等人外,谷崎还见到了毕业于东京美术学校的西洋画家陈抱一,刚从欧洲游学归来的漂泊诗人王独清,当时风头正健的明星公司的电影导演任矜萍(他导演的影片《新人的家庭》其时正在卡尔登大戏院上映,一时好评如潮)等。在邻旁的一间小客厅里,则站着十几位如花似玉的夫人和小姐,衣香鬓影,风姿绰约。晚宴开始时,当时红透半边天的女演员张织云也姗姗来到了会场。

谷崎可以说是第一次参加这样纯粹的中国式的聚会。令他感到新奇的是,中国人招待客人不仅敬茶,还敬烟。

　　在西日的照射下顿时明亮起来的房间中,香烟的烟雾升腾起来弥漫在四处。说起香烟,在中国招待客人时如同奉上茶和点心一样,也会不断地递上香烟。打开白铁罐的封口,连同铁罐一起放在桌上,手伸不到的客人面前,便连同茶水一起分上五六支烟。茶杯就是常见的那种注入开水后打开杯盖喝的那种,喝了几口后马上又给你倒满,烟抽完后立即又给你递上来五六支。据说世界上茶喝得最多的是俄罗斯人和中国人,对我这种一年到头习惯于喝茶抽烟的人来说,这类招待方式真是再好不过了。总之,无论是进食也好,抽烟也好,中国的方式使人毫不拘谨,比西洋的程式要自由多了。⑮

---

⑭ 《谷崎润一郎全集》第 22 卷,东京中央公论社 1983 年版,第 583 页。
⑮ 《谷崎润一郎全集》第 22 卷,东京中央公论社 1983 年版,第 584 页。

晚宴开始前,各路英豪表演了各自的拿手戏。年逾六十、两鬓染霜的剑术家米剑华英姿飒爽地表演了双剑术,在舞台上独领风骚的欧阳予倩手持的却是单柄剑,一招一式都可见深厚的舞台功夫。关良模仿着街头卖艺的样子演奏了小提琴。田汉不甘示弱,自告奋勇地站起来也唱了一段戏曲。接着还有古筝演奏,可惜周围声音嘈杂,谷崎无法细细欣赏,倒是北京来的张少崖拨奏着三弦演唱的北方戏曲,歌调低回涩哑,虽语言不通,其韵味谷崎差不多都能领会。所有这一切都用摄影机拍摄了下来。如果这盘胶片现在还留存着的话,应该是非常珍贵的一段历史文献片。

晚宴开始了,田汉拿着酒杯站了起来,滔滔不绝地发表了长篇致辞,谷崎坐在一旁一点也听不懂,只是从时不时地夹入几句的"谷崎先生"中才慢慢意识到原来是在为自己致欢迎词,心头不禁一阵发热。这样的场面也让谷崎第一次见识了中国人饮酒干杯时的豪爽风采:猛地一口喝干,然后一起将酒杯朝下,以示已全部喝尽。谷崎也学着大家的模样一次次将杯口朝下。他原以为自己酒量不错,绍兴酒当不在话下,不料数杯下肚之后,不觉也有点醉意朦胧了。这时,酒席上不

1926年连载了《上海交友记》的《女性》杂志1926年8月号

知谁大声说了一句:日本人也来露一手!于是同时被邀请来的、坐在对面角落上的塚本等人唱起了大正初年在日本学生中流行的"彻令宵",一些自日本留学归来的中国人也跟着一起唱。在欧阳予倩表演了一段声调柔美的花旦戏后,郭沫若蓦地跳到了椅子上,一边击掌一边高声说:现在由谷崎先生表演精彩节目。鸭子被赶上了架,谷崎只得站了起来,他抱歉说自己不会唱歌,就说一段话权作答谢。一旁的郭沫若热情地为他作了翻译:

今天中国的新文艺运动竟已如此地兴盛,并且为了邻邦一个作家的我举行如

此规模空前的欢迎盛会,实在是始料未及,真是不胜感激。而且今晚的聚会,汇聚了各位坦率真诚的青年朋友,不拘泥不讲究客套礼节,这种气氛实在是令人感到轻松而自由。我在年轻的时候,也曾数度与新进作家一起策划发起过这样的聚会,见了今晚这样的场景,不禁回想起往日的时光,真有无限的感慨。虽这么说,我还不是什么七老八十的老人(此时未及翻译就笑声四起了)。我今日在此地受到了如此盛大的欢迎,恐怕在日本的文坛中谁也不会想到。一旦回国,我要把今晚的情景作为第一号的旅途见闻告诉给他们听,我想他们一定会感到大为惊讶。在此我不仅要表示我个人的,而且要代表日本的文坛向各位表示深切的谢意,但是日本文坛也是派别林立,我斗胆地说要代表这个那个文坛也许会遭到众人的痛责,算了,就仅表示我个人的感谢吧(笑声,拍手大喝彩)。⑯

　　1926年时的谷崎润一郎,在日本文坛上也是一位名家了,平素也颇有绅士派头,这次却是被中国文人热腾腾的盛情和场内热烘烘的气氛所感染,不知不觉喝了很多酒,到后来则是酩酊大醉,由郭沫若扶着坐车回到了旅馆。

四、欧阳予倩家里温暖的除夕夜

　　谷崎在上海期间,恰逢中国的旧历新年,田汉怕他一个人寂寞,执意带着他来到欧阳予倩的家里过年。田汉本来在上海也有妻室,年前爱妻亡故,便将孩子寄养在湖南老家,自己在上海也是孑然一人。同样是湖南人的欧阳,在上海则有一个温暖的家庭,母亲和妹妹也住在一起。欧阳全家热情接待了谷崎和田汉,大家一起吃了年夜饭。这顿充满了湖南乡情的年夜饭,使谷崎沉浸在了儿时的回忆中,使他想起了30多年前东京日本桥的老家;头上盘着小小的发髻、穿着黑绸子上衣的欧阳母亲,则使他的脑海中浮现出了已离开他多年的慈母的身影。他虽然无法与欧阳的家人自由交谈,但他们对待他的出自内心的真诚和热情却令他非常感动。欧阳家中方桌上的叠放着的供奉菩萨和祖先的年糕,一对光影摇曳的红蜡烛,炭火烁烁地闪着红光的铜炉,墙上挂着的条屏,这

---

⑯ 《谷崎润一郎全集》第22卷,东京中央公论社1983年版,第590–591页。

一切谷崎在很多年后仍然记忆犹新。他后来在给田汉的一封长信中,语调真切地叙述了自己在欧阳家里度过的这一个难忘的中国新年,信的内容有些长,但文情并茂,译述如下:

说起欧阳予倩君,想起旧历除夕之夜,你带了我去他的府上,和他的家人一起度过了辞旧迎新的愉快时光,此情此景,迄今难以忘怀。现在想起来,那天晚上在他的府上,按照贵国的习惯,只是最亲近的家人团聚在一起。以一家之主欧阳君为中心,还有他的母亲、夫人、弟弟、妹妹以及弟弟妹妹带来的朋友小唐和小刘,还有可爱的孩子们,大家聚集在一起,为了通宵迎接新年的到来,都穿上了过年的新衣服,就像日本人吃年糕汤一样,大家的面前都放好了鸭肉汤,团团坐在桌边。这时一个跟他们完全没有关联的、而且又是外国人的我,虽然是你带过来的,很冒昧地来到了他们中间,是不是太过唐突鲁莽了?欧阳君倒也罢了,他的母亲,他的夫人,他的弟弟妹妹,他们好不容易欢聚在一起,正沉浸在过年的气氛中,这时突然一个外人闯了进来,一定是打搅了他们吧。你在日本留学的时候,大概也有同样的感受吧,一个人漂洋过海,来到了举目无亲的陌生的土地,出人意料地被带到了欢乐的家庭聚会中,受到了温馨的款待,其内心的喜悦实在是难以言表的。不仅如此,除夕之夜全家人通宵无眠喜迎新春的习惯——这在日本的很多地方都渐渐消失了,而这样令人怀念的习惯在贵国还留存着——甚至在上海这样受到洋风熏陶的现代都会里,依然还坚守着这样的风俗,目睹此景,实在令我生出很多的感慨。这是因为,我无法忘怀,在我幼小的时候,我也是这样满心欢喜地期待着新年的到来,在守岁的夜晚毫无困倦地等待着黎明的出现。那个时候的我,恰好也如那天在欧阳的府上所看到的几个孩童那样的年龄。那些孩子穿着漂亮的衣裳,当祖母、父母和叔叔姑姑打麻将时,他们呆在他们的身旁,或是在背后观战,或是在房间里跑来跑去,放着噼噼啪啪的鞭炮,或是跑到隔壁的房间去玩泥塑的电影放映(机),真的是非常有趣,而在我模糊的记忆中,日本过去的除夕之夜没有那么热闹。在我孩童的心里,自然也期待着能尽快穿上过年的新衣,但在天亮之前穿不到饰有家纹的新的和服,而且那时候也不可能有放电影的玩具,跟中国不一样,已经分家的叔叔姑姑也不会带着孩子过来团聚。我们最多也就是让老佣人或家里的帮工帮我们烤一点年糕，或是玩玩双六棋，以此来排遣睡意。跟那时的我们相比，那天晚上的孩子们要幸福多了。

此外，那天晚上，家家门前都在烧纸钱，这样的风俗，在日本当然也没有。我想起了盂兰盆节时烧的迎火，那也是非常令人怀念的，只是迎火的习惯，现在也渐渐地变得少见了。还有，七夕的乞巧奠，现在中国还盛行吗？这些古老的风俗祭祀，在日本已慢慢在消失了，很想到贵国去调查了解这些历史和风俗，或许对撰写历史小说，会是很好的参考素材呢。我在上次谈到料理的时候，说过在上海的小饭馆里见到了小时候吃惯的家常菜，而更让我沉浸在儿时回忆里的，则是那个除夕之夜。一个人来到了遥远的中国，竟然使我怀想起了30多年前东京的、住在日本桥的父母的面影，让我想要见一下那间幽暗的、用泥灰涂抹的房子的模样，这真的是怎样的一种因缘呀！欧阳的家里，虽然没有我日本桥的家中曾有的神龛和壁龛，但在桌子上也供奉着一叠年糕，燃着一对红蜡烛，像是在祭拜着什么神祇。墙上挂着词句吉祥的楹联，黄铜的火炉里闪烁着炉灰的星火。晚饭时已是一桌丰盛的酒肴了，到了夜半，又再次端出了酒和菜肴。在这期间还不断地向我递送茶水呀水果呀以及各种点心。我听说，这些食物都是来自欧阳的湖南老家，即便不是湖南出产，也是用湖南的手法做的。在日本也是一样，乡下人在城里过新年时，也会做自己家乡独特的年糕汤。在那样的夜晚，家里边最年长的人会显得比往常更加尊贵，我要是懂中国话的话，也想请欧阳的母亲大人给我说一句吉祥如意的祝福话语。我真想对这位"母亲"这样说："我即使回到日本，父母也已不在了。在那样的日本，当然也不会有如此欢快的除夕之夜。也许会给您带来麻烦，但是请允许我这个远来的游子叫您一声'妈妈'。"欧阳的母亲穿着黑色绸缎、毛皮里子的外套，那时我想，要是我自己的母亲，这时就会穿上黑色的饰有家纹的绉绸衣服了吧。欧阳的母亲，看上去也许比我记忆中的母亲要老一些，但她那摸牌出牌时的手势动作，她那皮肤粗糙关节突出的手指，她头上小小的发髻，这一切，与生育养育了那么多孩子孙儿的"母亲"形象是多么吻合呀。

后来我听你说，欧阳的母亲书法很不错，尤其工于小楷，我知晓后觉得遗憾无比。那天晚上大家的纪念留言，以照相版刊登在了五月号的（日本）《女性》杂志上,你也已经看到了吧。要是那时知道欧阳的母亲工于书法,我无论如何也要请她给我写一个扇面,而且也要请欧阳的夫人留几个字。——这位娴雅、年轻美丽的女诗人,那天晚上一再谦逊地推辞,最后未能请她留下文字。如果可能的话,拜托你再请两位挥毫留字,立即寄送给我。纪念留言的照相版,眼下正请经师屋在做,因为正值入梅,要半个多月才能完成,目前还没有裱装好。我时常会想起唐琳君的五言诗,有时会一个人暗自吟咏:"寂寞空庭树,犹发旧时花。一夜东风起,吹落委黄沙。落花安足惜,枝叶已参差。人生难相见,处处是天涯。"这首诗与那天夜晚的情景真是非常贴切,而且那声调,在我听来也感到十分的亲切。⑰

收录《上海交友记》《上海见闻录》的《谷崎润一郎全集》第 10 卷,东京中央公论社 1982 年版

这一次的上海之行,谷崎与田汉、欧阳予倩等人结下了颇为深厚的友情。1927 年 6 月,当时在南京国民政府艺术部电影股任职的田汉去日本考察电影,事先告知了谷崎,谷崎陪他在京都、大阪一带宴游,"日饮道顿,夜宿祇园",浓情沉醉。离开日本时,谷崎又特意到神户码头去送行,"在开船前,我们坐在海风徐来的甲板上谈了好一些时候。我告诉了我的苦闷,他说我现在也不妨干一干。自然,在谷崎先生是觉得也没有什么不可以干的"⑱。

1928 年春,当时在文坛上颇为知名的陈西滢、凌叔华夫妇去日本旅行,经田汉和欧阳予倩的介绍,在京都访问了谷崎。"他问起我们的来意,我们说想看看日本的各方面,尤其是文艺界的情形。因此谈起了目下的文坛。"⑲ 在谈到 20 世纪日本的代表作家时,谷崎向他们推荐了志贺直哉等二十几位他自己喜爱的小说家和剧作家。畅谈之后,谷

---

⑰ 原载《女性》1926 年 5—6 月号、8 月号,此处译自《谷崎润一郎全集》第 10 卷,东京中央公论社 1982 年版,第 593—596 页。
⑱ 田汉:《我们的自己批判》,选自《田汉文集》第 14 卷,中国戏剧出版社 1983 年版,第 279 页。
⑲ 陈西滢:《谷崎润一郎氏》,选自《凌叔华陈西滢散文》,中国广播电视出版社 1992 年版,第 295 页。

崎请他们去品尝了"风味绝佳"的京都料理,最后还在祇园观看了艺伎的表演。陈西滢后来在《谷崎润一郎氏》一文中写道:"在我们的印象中,这位日本文坛的骄子,完全是一个温蔼可亲而又多礼的法国风的作家,除了谈起日本文学时自然而然地在谦逊中流露出目中无人的气概外,丝毫不摆文豪的架子。"[20]

战后,由于美军对日本数年的军事占领以及后来冷战格局的形成,日本与新中国几乎处于隔绝的状态。从现存的文献来看,谷崎似乎也没有对中国抱有特别的关注。但是他内心的中国情结,在当时的日本文化界,也是广为人知的。1956年3月由法国文学研究家中岛健藏、小说家井上靖等人在东京发起成立日本中国文化交流协会时,谷崎担任了协会的顾问。20世纪20年代在上海时结交的那些中国友人,他始终没有忘怀。1956年,时任中央戏剧学院院长、中国戏剧家协会副主席的欧阳予倩率领中国京剧团赴日本公演时,谷崎闻讯特意赶到欧阳在箱根下榻的旅馆,畅叙阔别之情。欧阳予倩也极为激动,赋长诗一首赠谷崎,题曰《谷崎润一郎先生与我阔别重逢,赋长歌为赠》,兹录全诗如下:

阔别卅余载,握手不胜情。相看容貌改,不觉岁时更。我昔见君时,狂歌任醉醒。

茧足风尘中,坎坷叹无成。别后欲萧条,忧道非忧贫。亦有澄清志,不敢避艰辛。

频惊罗网逼,屡遭战火焚。幸得见天日,无愁衰病身。精力虽渐减,志向向清纯。

旧日俦侣中,半与鬼为邻。存者多挺秀,不见惭怍形。举此为君告,以慰怀旧心。

君家富玉帛,琳琅笥箧盈。可以化干戈,用以求和平。祝君千万寿,文艺自长春。

欧阳予倩在赋诗之后,回到东京的帝都酒店,再用毛笔将这首长诗书写了一遍,专

---

[20] 陈西滢:《谷崎润一郎氏》,选自《凌叔华陈西滢散文》,中国广播电视出版社1992年版,第299页。

程寄到了谷崎在热海的住所。后来谷崎请人将其裱装起来,挂在自己"雪后庵"的客厅里[21]。这一年,谷崎担任了日中文化交流协会的顾问。直至 1965 年去世,他再也没有机会踏上中国的土地。

---

[21] 谷崎润一郎:《欧阳予倩君的长诗》,选自《谷崎润一郎全集》第 22 卷,东京中央公论社 1983 年版,第 403—405 页。

2023–2024年海派文化研究书目

1. 葛剑雄、李天纲、张乐天等:《上海纪》,学林出版社2023年版
2. 熊月之:《魔都上海的魔力与魔性》,上海辞书出版社2023年版
3. 诸大建:《一个人的上海史:我看上海城市空间变迁》,上海三联书店2023年版
4. 徐锦江:《上海城记》,东方出版中心2023年版
5. 王春林:《海派长篇小说十论》,译林出版社2023年版
6. 毛时安:《听潮:新海派美术评论》,上海书画出版社2023年版
7. 周利成:《上海老画报》,中国文史出版社2023年版
8. 王继峰:《上海公园:1868—1949的城市景观与日常生活》,上海科学技术文献出版社2023年版
9. 宗明主编:《这里是上海:建筑可阅读》,光启书局2023年版
10. 《邵洵美全集》,上海书店出版社2024年版
11. 孙莺编:《陈蝶衣文集(第一辑)》,上海人民出版社2024年版
12. 程彦主编:《茧庐花蹊——程小青传略》,海南出版社2024年版
13. 梅子编:《刘以鬯文集》,人民文学出版社2024年版
14. 陆康主编:《海上文人陆澹安》,上海辞书出版社2024年版
15. 郑逸梅:《花果小品(增订本)》,中华书局2024年版
16. 杨涤主编:《上海名物考:老字号、新品牌与城市软实力》,东方出版中心2024年版
17. 管继平:《鸿雁秋水:民国文人书信》,上海辞书出版社2024年版
18. 时筠仑、郑丽君、李莉主编:《海上名园——张园与海派文化》,上海交通大学出版社2024年版
19. 王莫之:《为时代曲写的蓝色情歌》,上海大学出版社2024年版

20. 张晓栋:《上海爷叔——王韬个人城市史话》,上海大学出版社 2024 年版
21. 朱天曙、吴倩:《齐白石与清代艺术圈》,生活·读书·新知三联书店 2024 年版
22. 徐华博、陈力生:《上海婚礼——近代上海的婚姻文化与社会转型》,上海人民出版社 2024 年版
23. 蒋进国:《上海自由主义文学思潮研究(1927—1937)》,中国社会科学出版社 2024 年版
24. [美]马克·斯维斯洛克著、门泊舟译:《饮食的怀旧:上海的地域饮食文化与城市体验》,江苏人民出版社 2024 年版